Honderd u

Ander werk van Anna Woltz bij Querido

Meisje van Mars (2011)
Mijn bijzonder rare week met Tess (2013) Vlag en Wimpel van de Griffeljury
Gips (2015) Gouden Griffel
De pizza-spion (2015)
Evi, Nick en ik (2016)
Alaska (2016)
Ik kan nog steeds niet vliegen (2017)
Zondag, maandag, sterrendag (2017) Vlag en Wimpel van de Griffeljury
Naar de wolven (2019)
Haaientanden (Kinderboekenweekgeschenk 2019)

Anna Woltz

Honderd uur nacht

Amsterdam · Antwerpen
Em. Querido's Uitgeverij
2019

Bekroond met de Nienke van Hichtum-prijs 2015

www.querido.nl
www.annawoltz.nl

De auteur ontving voor het schrijven van dit boek een werkbeurs van het Nederlands Letterenfonds.

Dit boek is ook verkrijgbaar als e-book.

Eerste, tweede (e-book), derde, vierde en vijfde druk, 2014; zesde druk, 2015; zevende en achtste druk, 2016; negende en tiende druk, 2017; elfde druk, 2018; twaalfde en dertiende druk, 2019

Omslag Marry van Baar
Omslagbeeld Allison Joyce/Getty Images

ISBN 978 90 451 1639 6 / NUR 284

'We hold these truths to be self-evident, that all men are created equal, that they are endowed by their Creator with certain unalienable Rights, that among these are Life, Liberty and the pursuit of Happiness.'

Amerikaanse Onafhankelijkheidsverklaring, 4 juli 1776

Ben ik het ranzige rotverhaal dat op internet staat?

Pas ik in het sprookje dat ik straks aan de Amerikaanse douane ga vertellen?

Of heb ik een eigen verhaal?

Ik weet het niet.

Ik ben veertien. Mijn vader draagt broeken van ribfluweel en kijkt het liefst naar de sterren. En ach, dat vergeet ik bijna – afgelopen dinsdag heeft hij de wereld verwoest. Mijn moeder is Nora Quinn. Ze werd geboren in Ierland en spreekt zo nu en dan Engels met mij.

Ik bedoel: ze spreekt zo nu en dan met me. Altijd in het Engels.

Haar schilderijen hangen in musea over de hele wereld en als ze zin heeft om haar kleren uit te trekken en naakt op ons dak aan een nieuw schilderij te beginnen, dan doet ze dat.

Ik ben hun dochter. Dat was altijd mijn verhaal.

En nu heb ik niks meer.

1

Ik ben de enige op de wereld die weet wat ik vandaag ga doen. Als ik tenminste durf.

Mijn laarzen wachten doodstil op de gladde vliegveldvloer. Wanneer er iemand naar me kijkt, stopt mijn hart even met kloppen. Zouden ze me herkennen van internet? Beginnen ze straks plotseling te schelden?

Er gebeurt niets. De mensen in de vertrekhal kijken dwars door me heen. Gisteren lazen ze over mijn smerige vader, maar vandaag gaan ze op reis. Ze slepen met koffers en krijsende peuters en zijn hun tweets allang weer vergeten.

Ik ben de bedreigingen nog *niet* vergeten.

Mijn ademhaling gaat oppervlakkiger sinds dinsdagavond. Mijn mond is droog. Ergens in mijn hoofd rinkelt zonder ophouden een alarmbel. *Gevaar*, zegt het geluid. *Maak dat je wegkomt. Vlucht.*

Ik doe alsof het normaal is dat ik hier helemaal alleen op Schiphol sta. Boven mijn hoofd flikkeren informatieborden, ik ruik mannenzweet, een hond zo groot als een kalf wordt voorbijgereden in een plastic kooi.

Om de dertig seconden gaat mijn hand naar mijn tas omdat ik mijn telefoon wil pakken – maar elke keer stokt mijn arm halverwege. Ik heb mijn telefoon uitgezet, voor de eerste keer ooit.

Ik haal mijn paspoort alvast tevoorschijn en blader door het boekje zonder stempels. Bij de pasfoto aarzel ik. Ik hou er niet van om naar foto's van mezelf te kijken. Mijn haar is te steil, mijn ogen zijn te groot, mijn gezicht is te bleek. Ik zie eruit alsof ik bezig ben op te lossen in het niets.

Maar de foto in mijn paspoort is anders: die werd drie jaar geleden gemaakt, toen ik nog op de basisschool zat. Ik kijk onverschrokken en zie eruit alsof ik *superveel* zin heb in de rest van mijn leven. Ik was elf en liet sterrenkers groeien in lege eierschalen.

Dat meisje ben ik dus niet meer.

Naast de pasfoto staat mijn naam. *Emilia December de Wit*. Serieus, zo heet ik.

Die tweede naam was een plannetje van mijn moeder, en ook toen ik vertraging had en pas op 2 januari werd geboren, vond ze het een prachtig idee om me December te noemen.

Mijn vader had best kunnen zeggen: 'Misschien past Sanne beter bij haar. Of Margriet.' Hij had ook kunnen zeggen: 'Laten we haar Cosinus Gelijkbenige Driehoek de Wit noemen.' Dan had mijn moeder misschien gesnapt dat het geen goed idee is om je eigen gekte in de naam van je kind te verwerken.

Maar mijn vader hield zijn mond. Die man was veertien jaar geleden natuurlijk ook al een egoïstische zak. Het kon hem gewoon geen klap schelen hoe zijn enige kind ging heten.

Eindelijk ben ik aan de beurt. Ik leg mijn paspoort op de balie en probeer wanhopig spuug naar mijn mond te krijgen.

'Waar vlieg je vandaag naartoe?' vraagt de stewardess in zonnig geel.

'Naar New York.'

Ik ga rechtop staan. Ik ben bang. En tegelijkertijd voel ik iets nieuws in mijn bloed bij het uitspreken van de naam van die stad. Ik ga naar *New York*. Boven de bedden van al mijn vriendinnen hangen posters van jongens die ze nog nooit in het echt hebben gezien. Boven mijn bed hangt de skyline van

New York. Ik ben er nooit geweest, en toch ben ik verliefd.

'Vlieg je alleen?' vraagt de stewardess.

Ik knik. Buiten adem geef ik antwoord op haar vragen.

Ja, ik heb mijn koffer zelf gepakt.

Nee, ik heb geen gevaarlijke stoffen in mijn handbagage.

Alleen deze schoudertas gaat mee de cabine in.

De vrouw kijkt me aan, maar ze herkent me niet van internet. En goddank bedenkt ze ook niet dat ze gisteren op het journaal een walgelijke man heeft gezien die mijn achternaam had.

Mijn uitpuilende koffer krijgt een label en verdwijnt uit zicht. En ik krijg mijn instapkaart. Over anderhalf uur begint het boarden.

Helemaal alleen loop ik naar de rij voor de paspoortcontrole. Ik hoor bij niemand en voel me wonderlijk licht zonder koffer. Mijn bloed tintelt. Ik kan het eigenlijk nog steeds niet geloven: ik ga het echt doen. Twee dagen geleden was het niet meer dan een idee. Iets waarvan ik dacht: als ik een totaal ander meisje was, dan zou ik nu mijn middelvinger naar de wereld opsteken en naar New York vliegen.

Het is vrijdag 26 oktober. Over tien en een half uur ben ik er.

2

Alles ziet er anders uit als je alleen bent. Kleuren zijn feller, geluiden klinken rauwer, plannen kunnen elk moment misgaan. Ik loop door de gonzende hal achter de douane en zeg tegen mezelf dat ik hard moet zijn. Het meisje dat 's nachts de creditcard van haar vader steelt om een vliegticket te boeken gaat niet zitten huilen op een vliegveld-wc. Zo'n meisje begint niet opeens te gillen en ze zet ook haar mobiel niet aan om haar moeder te bellen.

Ik koop een beker cappuccino terwijl ik helemaal niet van koffie hou, maar ik moet alert zijn. De snee in mijn linkerhand doet nog steeds pijn. Er begint bloed door de pleister te komen, maar daar is niets aan te doen. Ik bloed liever dood dan dat ik bij een openbare wastafel die pleister ga vervangen.

En dan sta ik plotseling stil.

Ik staar naar een meisje in de winkel met onbetaalbare tassen. Ze heeft blonde krullen, een strakke spijkerbroek en Uggs. Het is Juno – dat kan niet anders. Ze staat met haar rug naar me toe, dus ik kan haar gezicht niet zien. Met bonkend hart blijf ik wachten tot ze zich omdraait.

Het is iemand anders.

Wankelend loop ik naar de dichtstbijzijnde rij stoelen. Ik ga zitten, knijp mijn handen in elkaar, maar stop zodra ik de snee voel. Hoe kon ik denken dat ik dapper was?

Met trillende vingers haal ik mijn map met papieren tevoorschijn. Alles en alles heb ik uitgeprint. Mijn vluchtschema. De bus die ik straks moet nemen in New York. De wisselkoers van de dollar. Hoeveel fooi je moet geven. In welk museum de meeste impressionisten hangen. Ik blijf lezen tot ik niet meer buiten adem ben en dan durf ik eindelijk weer op te kijken.

Buiten, achter de glazen wanden, zie ik zeventien vliegtuigen staan. Ze laten hun motoren loeien, stijgen op en veranderen hoog in de lucht in zwanen.

Het is voorbij, zeg ik tegen mezelf. Ik kan Juno niet meer tegenkomen in de gangen. Haar vrienden zullen niks meer naar me schreeuwen op het plein. Mijn gymtas is veilig voor hun aanstekers en dat kluisje vol krassen is toch niet meer van mij.

Ik ga nooit meer terug naar die school.

In de wachtruimte bij de gate moet mijn telefoon heel even aan. Ik wacht gespannen of er berichten binnenkomen, maar het blijft stil. Mijn ouders denken dat ik op school zit, mijn klasgenoten gaan er natuurlijk van uit dat ik onder de dekens lig te huilen.

Nou, toevallig hebben ze het mis. Toevallig is het tijd om mijn middelvinger op te steken naar de wereld – of in elk geval naar mijn ouders. De mail staat sinds vannacht in opperste paraatheid klaar om verzonden te worden:

Aan de losers die mij verwekt hebben,

We hadden een deal, dacht ik.

Ik maakte mijn huiswerk, dekte de tafel en nam geen navelpiercing. Jullie gaven me te eten en deden geen dingen waarvoor jullie in de gevangenis konden komen.

Die deal is er nu niet meer. Dat lijkt me duidelijk.

Jullie denken dat ik een monsterproefwerk natuurkunde aan het maken ben, maar toevallig zit ik in de trein naar Duitsland. Ik ga bij Käthe logeren. Ik word gek hier, dus ik ga naar een land waar mijn vader niet het nieuws van de dag is. Jullie kunnen je niet voorstellen hoe het is op school en op Facebook en Twitter en alles.

Jullie kunnen je sowieso niet voorstellen hoe het is om mij te zijn.

Kom me niet halen. En bel me ook niet – ik neem toch niet op. Käthe ook niet, die heeft allang een ander nummer.

Ik mail morgen weer om te laten weten dat ik nog in leven ben.

Als dat tenminste het geval is.

E.

Mijn duim zweeft boven de verzendknop. Op dit moment kan ik nog terug. Ik kan gewoon opstaan en vanaf hier naar Arrivals lopen, langs de bagagebanden waar de koffers duizelig rondjes draaien en zo de aankomsthal in, waar niemand op me staat te wachten. Ik kan de trein terug naar huis nemen alsof ik nooit van plan was om te ontsnappen.

En dan denk ik weer aan dinsdagavond.

Ik zat in de warme, stille woonkamer mijn huiswerk voor geschiedenis te maken. Het ging over de Amerikaanse Onafhankelijkheidsverklaring. Dat is zonder twijfel een van de beste teksten ooit geschreven, maar daar gaat het nu niet om.

Mama was aan het werk in haar atelier – ze had niet eens gegeten – en mijn vader zat boven in zijn kamer te spelen met zijn instrumenten.

Buiten in de schemering liepen mensen langs ons raam. Ik keek naar die onbekende schimmen terwijl de eerste regels van de *Declaration of Independence* glanzend door mijn hoofd marcheerden, en ik was gelukkig. Heel even klopte alles.

En toen ging de telefoon.

Niet mijn mobiel, maar de huistelefoon. Ik liep naar het

toestel, trok mijn mouw over mijn hand en nam op.

Aan de andere kant hoorde ik een hysterische vrouw die half huilde en half stikte.

Ze zei dat ze de moeder van Juno was.

Ze wilde mijn vader spreken.

Ik druk op *verzenden* en mijn mail vliegt weg. Ik wil niet terug.

3

Meer mensen gaan dood door auto-ongelukken dan door vliegrampen. Dat vertel ik mezelf terwijl ik door de grijze slurf naar de cabine loop. De alarmbel in mijn hoofd rinkelt hard, maar ik probeer er niet op te letten.

In mijn tas zit een artikel dat ik vannacht uit mijn hoofd heb geleerd. De airco van een vliegtuig filtert maar liefst 99,97 procent van alle bacteriën en virussen uit de lucht. Als je je strikt aan de Tien Gouden Regels Voor Vliegreizen houdt, dan is er niets aan de hand.

Zodra ik op mijn stoel bij het raampje zit, zet ik Gouden Regel Nummer Eén in werking. Ik haal een pak ontsmettende doekjes uit mijn tas en begin te boenen. Het plastic uitklaptafeltje, mijn stoelleuningen en de gesp van mijn riem moeten allemaal schoon. De mensen om me heen zijn gelukkig druk in de weer met tijdschriften en oordopjes en het platdrukken van andermans bagage door hun eigen tas keihard in het vak boven hun hoofd te rammen. Ze kijken bijna niet naar me.

Tijdens het opstijgen staar ik naar de pleister op mijn linkerhand. Ik voel hoe het vliegtuig schokt in de wind. Hoe de hemel aan onze vleugels rukt. Hoe de motoren razen om ons in leven te houden.

Maar eigenlijk, als ik eerlijk ben, gaat het meer dan een uur best goed met me in die Boeing.

Jammer genoeg kom ik dan op het idee om een stewardess te vragen hoeveel mensen er eigenlijk aan boord zijn.

'Driehonderd,' zegt ze opgewekt, terwijl ze me een glas appelsap geeft.

Ik kijk om me heen. Ik hang hier met *driehonderd* levende wezens in een trillende cocon boven de oceaan. Driehonderd mensen die rochelend hoesten en slijmerig niesen en de hele tijd *ademen*. Een dikke man duwt het deurtje van de wc dicht en opeens vraag ik me af hoeveel mensen zo gek zullen zijn om op elf kilometer boven de aarde te gaan poepen. Helemaal niemand, zou ik denken. Maar ik weet het niet zeker. Er bestaan ook mensen die op school poepen, of op de kermis, of als ze ergens op bezoek zijn.

Ik voel het misgaan.

Soms, als ik echt nadenk over mijn pincode, dan weet ik hem opeens niet meer. En zo is het ook met ademen. Zodra ik op mijn ademhaling ga letten, snappen mijn longen niet meer hoe ze normaal moeten doen.

God, dit is gênant.

Ik begin te hyperventileren.

Eerst merkt niemand het, want ik probeer heel stil te stikken. Maar na een paar minuten kan ik het niet meer verbergen. Mijn borst gaat steeds sneller op en neer. Ik voel zweet op mijn voorhoofd en mijn keel brandt. Ik moet kokhalzen en maak per ongeluk een soort jankend geluid.

Het hele vliegtuig kijkt naar me. Vijf mensen drukken op hun belletje. Een klein meisje begint te huilen.

Al snel staan er drie stewardessen bij mijn rij die fluisterend met elkaar overleggen. Even later wordt er door het vliegtuig omgeroepen of er een dokter aan boord is.

Het gaat half langs me heen omdat ik bezig ben dood te gaan, maar uit de businessclass komt een Russische dokter tevoorschijn. In gebroken Engels overlegt hij met de stewardessen en met ongeveer vijftien passagiers die zich er allemaal mee bemoeien. Terwijl de vergadering nog in volle gang is, laat een vrouw die duidelijk is opgeleid tot moeder me in een plastic zakje ademen. En daarna geeft de Russische dokter me iets kalmerends.

Het duurt een hele tijd voordat niemand meer naar me kijkt.

Tranen rollen zachtjes in mijn hals, want ik had het dus helemaal mis. Ik steek mijn middelvinger niet op naar de wereld – de wereld steekt zijn middelvinger op naar mij.

Nog steeds. Alweer.

Versuft staar ik door het raampje naar buiten. De zonnige wolken onder het vliegtuig lijken gemaakt van stijfgeklopt eiwit. Het is een bevroren wereld zonder mensen. Zonder plannen en zonder teleurstelling.

En dan droom ik over het planetarium van mijn vader.

Dat ouderwetse ding staat in het midden van zijn kamer. Wanneer je aan een koperen hendeltje zwengelt, beginnen de planeten knarsend rond de zon te draaien. Ik was zes jaar oud toen ik dat voor het eerst mocht doen. Het was magisch. Met één hand liet ik de planeten bewegen. Terwijl ik langzaam draaide, legde mijn vader uit waarom het overdag licht is en 's nachts donker. En waarom het niet overal op de wereld tegelijkertijd donker is.

In mijn droom sta ik in het duister voor zijn kamerdeur. Binnen hoor ik de planeten zachtjes piepen. Ik aarzel even en doe dan de deur open. Door de ramen valt het licht van een straatlantaarn naar binnen. De instrumenten glanzen: de grote elektriseermachine bij het raam, de barometers aan de muur, de microscopen onder hun glazen stolpen.

In het midden staat het planetarium met zijn koperen hendel. Maar het is niet mijn vader die eraan zwengelt.

Het is Juno.

Haar blonde krullen schitteren harder dan alle instrumenten bij elkaar. Ze kijkt naar me.

En dan lacht ze.

4

Als de wielen van het vliegtuig de grond raken, heb ik een brok in mijn keel.

Ik ben Columbus. Voor het eerst van mijn leven in Amerika.

Zodra ik Newark Airport binnen ben, kijk ik gretig om me heen. Maar ik zie alleen een grijze gang met viezig tapijt op de vloer en dreigende borden met rood doorgestreepte mobieltjes. Stiekem had ik gedacht dat Amerika zou glimmen. Dat alles brandschoon en modern zou zijn. Dat leek me juist zo fijn.

Na de gang komen we in een ruimte ter grootte van een kerk. Een enorme rij mensen zigzagt zwijgend tussen paaltjes met linten door. Zoals in de Efteling, maar dan zonder de bordjes die je vertellen hoe lang je nog moet wachten.

In de hal hangt een gespannen stilte. Amerika is geen land waar je zomaar even binnenwandelt. Op internet heb ik vreselijke verhalen gelezen. Als de douane denkt dat je stiekem van plan bent om langer te blijven, of als ze vermoeden dat je liegt, dan zetten ze je op de volgende vlucht terug naar huis.

En ja, ik ga dus liegen.

Mijn buik voelt alsof ik in het uiterste puntje van het Piratenschip zit. Ik zie de dikke man uit het vliegtuig naar me kijken. De moeder met het plastic zakje houdt me trouwens ook in de gaten. Zouden ze hopen dat ik weer in paniek raak?

Laat me hier nog een half uur langer staan en ze krijgen hun zin.

Eindelijk wijst een zwarte man in uniform me naar het zevende loket. In het hokje zit een vrouw met diepliggende ogen en strak weggetrokken haar.

'*Good afternoon*,' zegt ze somber. Ze pakt mijn paspoort aan. '*How are you today?*'

Ik kijk naar haar. Deze vrouw, die ik nog nooit gezien heb, zal in minder dan tien minuten beslissen of ik Amerika binnen mag.

'Waarom bezoek je de Verenigde Staten?' vraagt ze in het Engels.

Ik slik. Het is hier anders dan op Schiphol. Engels is dan wel mijn tweede moedertaal, maar ik weet niet of ik de goede leugens uit mijn hoofd heb geleerd.

'Vakantie,' zeg ik. 'Ik wil New York graag zien.'

'Hoe lang blijf je?'

'Twee weken.'

Woensdagnacht, toen ik de vlucht boekte, wilde ik eerst gewoon een enkele reis nemen. Maar toen begon ik waargebeurde griezelverhalen over de Amerikaanse douane te lezen, en al snel snapte ik dat ik zonder retour echt nooit van mijn leven dit land binnen zou mogen. Ze laten je hier alleen maar toe als ze zeker weten dat je ook weer oprot.

'Waar verblijf je de komende twee weken?' vraagt de vrouw.

Zwijgend haal ik de map uit mijn tas. Ik heb de beschrijving van mijn kamer uitgeprint, en ook de mailtjes die de eigenaar me stuurde. De papieren lijken veel erger te trillen dan mijn hand.

De vrouw bekijkt alles uitgebreid, bladert door mijn paspoort en fronst dan haar wenkbrauwen.

'Je bent veertien?'

Ik knik.

'En je bent hier alleen?'

Dit is het moment. Natuurlijk heeft deze vrouw geen behoefte aan mijn echte leven. Ze wil een verhaal horen dat klopt. Een sprookje waar ze rustig naar kan luisteren zonder ongerust te worden.

'Mijn vriendin Käthe komt ook,' zeg ik in het Engels. Mijn stem klinkt als bleke aardappelpuree. 'We hebben het appartement samen gehuurd. Käthe is eenentwintig en ze was vroeger mijn au-pair. Vanavond landt ze vanuit Frankfurt op John F. Kennedy Airport. Ik heb hier haar telefoonnummer voor u.' Ik schuif nog een papier naar de vrouw toe. 'Maar ze zit nu dus nog in het vliegtuig...'

Met één hand houd ik me vast aan de plakkerige balie. Als ik dat niet doe, dan val ik om.

De vrouw bladert nog een keer door mijn paspoort en kijkt dan weer op.

'Heb je schriftelijke toestemming van je ouders voor deze reis?'

In stilte dank ik internet. Ik wist dat ik zo'n brief nodig zou hebben. Ik pak de Engelse tekst uit de map en de kopieën van de paspoorten van mijn ouders. De brief heb ik half gepikt van internet, half zelf bedacht. De handtekeningen heb ik nagedaan van de paspoorten, dus die moeten kloppen.

Ik schuif de papieren naar de vrouw toe en wacht ademloos af. Ze bekijkt de brief en kopieën langdurig. Als ik in God geloofde, dan zou ik nu bidden. Onafgebroken, smekend. Maar ik geloof niet in God.

Ik geloofde in grote mensen. En nu geloof ik nergens meer in.

Eindelijk knikt ze. Somber, alsof ze besluit dat ik rechtstreeks naar de hel mag.

'Oké. Plaats je linkerduim op de scanner.'

Even huiver ik bij het zien van dat vettige glazen vlakje. Maar voor Amerika doe ik alles. Ik denk uit alle macht aan de antibacteriële gel in mijn tas en leg mijn duim op de scanner.

5

Dit is toch ongelooflijk? Ik ben erdoor! Ik ben Amerika binnen.

Ik heb net gepind en met de allereerste dollars van mijn leven heb ik een kaartje voor de bus naar het centrum gekocht. Daar zit ik nu. Op de voorste bank, bijna naast de chauffeur, zodat ik door de voorruit naar buiten kan kijken. Dat moet wel, want de zijramen van de bus zijn van onder tot boven met reclames beplakt.

Terwijl we wachten op meer passagiers, kan ik me niet meer beheersen: ik zet mijn telefoon aan. De berichten komen in hoog tempo binnen. Ik heb negen gemiste oproepen van *papa* en drie van *moeder mobiel.* Ik staar naar het oplichtende schermpje en voel me misselijk worden. Nederland is sinds dinsdag een stinkend moeras en zelfs vanaf hier kan ik de zompigheid ruiken.

De voicemails wil ik absoluut niet horen, maar de sms'jes moet ik lezen van mezelf. Mijn vader verzond zijn eerste bericht toen ik net in het vliegtuig zat.

Verdomme Emilia! Ik loop mijn kamer binnen en zie de scherven. Je mag woedend zijn, maar dit is onvergeeflijk. Ik weet van school dat je spijbelt dus bel me ASAP.

Ik kijk even naar de pleister op mijn hand en open dan het volgende sms'je.

Neem je telefoon op! Als je niet terugbelt, dan stap ik in de auto en kom ik je halen in Frankfurt. We moeten onmiddellijk praten.

Het laatste bericht is van een uur geleden.

Als je voor middernacht niets van je laat horen, dan bellen we de politie en geven we je op als vermist.

Mijn handen trillen. Ik wist dat hij boos zou zijn. Het is precies wat ik wilde. Maar ik ben niet gewend aan *onvergeeflijk*.

GA NIET NAAR DE POLITIE sms ik terug. *Wil je echt alles nog verder kapotmaken? Käthe en ik hebben net schnitzel gegeten en het gaat prima met me. Ik bel morgen.*

Op het moment dat ik op *verzenden* druk, begint de bus te rijden. Ik zet mijn mobiel op stil en stop hem diep weg in mijn tas. Ik moet het moeras vergeten, anders had ik net zo goed niet kunnen vluchten.

Kijk naar buiten, zeg ik tegen mezelf. *Je bent Columbus!*

Elk detail doet er nu toe. De richtingsborden boven de weg zijn schreeuwend groen. De lucht is zwaarbewolkt en auto's hebben het formaat van tanks. Snelwegen maken de Amerikanen van grote plakken beton; de oude bus schokt bij elke nieuwe plak. We gaan een lome bocht door. De betonnen weg verandert in een viaduct. En dan houd ik op met ademen.

Daar, in de grijze verte, ligt New York City.

Ik herken de skyline meteen van de poster boven mijn bed. Honderden grijze, bruine en blinkende gebouwen vormen samen het mooiste staafdiagram van de wereld. Ik kijk ernaar en één woord danst wervelend rond door mijn hoofd: *eindelijk*.

Ontelbaar veel films en foto's en series en journaalbeelden hebben me voorbereid op dit moment. Alles wat ik al die tijd alleen maar van televisie kende, zie ik nu in het echt. Het voelt alsof ik de planeten laat bewegen.

En opeens begrijp ik ook waarom de Amerikaanse douane wil dat mijn verhaal klopt. Ik zie die wereldberoemde skyline met mijn eigen ogen en ik begrijp het.

Amerika *is* het verhaal. Je stapt hier een levensgrote bioscoop binnen. En als je mee wilt doen, dan moet je hier passen.

De bus rijdt een tunnel in die eigenlijk te nauw voor ons is. Betegelde wanden suizen rakelings langs mijn hoofd. Koplampen flitsen voorbij in het duister. Midden op onze weghelft ligt een oranje pylon. Ik doe even mijn ogen dicht.

Dan komen we de tunnel weer uit en zijn we op Manhattan. Op dit kleine eiland tussen twee rivieren leefde vroeger een handjevol indianen. Nu wonen er 1,6 miljoen mensen en staat het volgestampt met wolkenkrabbers.

Vanuit de bus kan ik niet meer zien waar de gebouwen ophouden. Het vrijdagmiddagverkeer is een gekkenhuis. Overal zijn gele taxi's. Ze toeteren op honderd verschillende manieren, alsof elke taxi een andere taal spreekt.

We rijden langs zeeën van mensen die omhoog staan te kijken naar reusachtige lichtreclames. Flikkerende advertenties voor *The Lion King* en de nieuwste Samsung-telefoon en de grootste *burger* dansen over de gebouwen.

De wereld om me heen tintelt. Alles borrelt en zindert en flonkert erop los.

En opeens vraag ik me af of *ik* hier wel pas.

Ik bedoel, ik ken de feiten.

Terwijl New York buiten toetert en loeit en laait, kijk ik naar mijn handen. Het vel is droog en trekt als de verf op een oud schilderij. Mijn vingers zijn bijna kapot gewassen.

Wat moet deze stad met mij?

Ik heet Emilia December de Wit en ik durf de metalen stang voor me niet eens aan te raken. Ik durf geen hotdog van een kraampje op straat te eten. Ik durf niet in een spitsuurmetro.

Ik weet niet wat er met ons zal gebeuren als mijn vader straks echt naar de gevangenis moet.

Ik heb geen idee hoe ik voor mijn moeder moet zorgen. En of ik dat wel wil.

Ik vraag me af...

Maar dan stop ik.

We rijden langs een zingend, klingelend, lachend park. Langs de randen, onder rode en gele bomen, staan glazen huisjes met winkeltjes erin. In het midden is een ijsbaan vol schaatsers met gekleurde mutsen. Ik hoor het eerste kerstliedje van het jaar en voel geluk in mijn bloed.

Of ik hier pas?

Man, dit is New York City. Je hoeft maar even te kijken naar alle meisjes die hier wonen in films. Als de verhalen ook maar een klein beetje kloppen, dan stikt het hier van de eenzame, verknipte controlfreaks. Vrouwen die altijd alles in hun uitpuilende agenda opschrijven. Die niet tegen verrassingen kunnen en die thuis in hun eentje schoonmaken terwijl ze de oversized trui van hun dode vader of vriend dragen, met alleen een kat om tegen te praten en elke avond een afhaalmaaltijd in zo'n kartonnen tobbetje en heel veel starende teddyberen op hun strak opgemaakte bedden...

It's beginning to look a lot like Christmas.

Ik heb nul stoffige teddyberen en zeker geen harige kat. Maar als ik ergens op de wereld op mijn plaats ben, dan moet het hier zijn. In deze flonkerstad.

De bus staat hijgend stil bij de allerlaatste halte.

'*Grand Central Station*,' roept de buschauffeur zonder iemand aan te kijken. '*Last stop. Everybody out.*' Hij gooit onze koffers op de stoep en rijdt rammelend weg.

En daar sta ik dan. Met mijn laarzen op de vlakke, grijze stoeptegels van New York. De andere mensen weten waar ze naartoe moeten. Ze verdwijnen razendsnel met hun koffers en tassen uit het zicht.

Helemaal alleen blijf ik achter op een stoep die zo breed is als een Nederlandse straat. Om me heen torenen enorme gebouwen. Ik leg mijn hoofd in mijn nek en kijk naar ze op. Een paar straten verderop glinstert een zilveren wolkenkrabber die lijkt op de toren van een sprookjeskerk. Hoog in de lucht steken adelaarskoppen uit het metalen gebouw. Ik kijk ernaar en ben verliefd.

Ik wilde alleen dat ik Grand Central Station ook zag.

Het is hier een stuk kouder dan in Nederland, dus ik knoop mijn winterjas tot bovenaan dicht. Mijn hoofd tolt. Het is licht, maar voor mijn gevoel is het al half twaalf 's avonds. Stel dat ik hier voor altijd blijf, dan heb ik aan het einde van mijn leven zes uur extra licht gezien. En dan heeft mijn vader zes uur langer in het donker geleefd.

'*You need a ride?*' Een gele taxi stopt naast me op straat. De chauffeur lacht naar me door zijn open raampje.

Ik was van plan om met de metro naar mijn kamer te gaan. In mijn map staat dat ik de groene lijn 6 *downtown* moet hebben, maar opeens val ik bijna om van de jetlag. En de psycholoog – die ik een tijdje had maar nu gelukkig niet meer – zei altijd dat het niet erg is om soms van plan te veranderen.

Ik knik dus.

Mijn koffer gaat achterin en even later zoeven we over Lexington Avenue naar het zuiden. Je hoeft de kaart van New York maar één keer te bestuderen en je weet hoe de stad in elkaar zit. Het is alsof iemand de inhoud van zijn blokkendoos heeft uitgestald op een vel ruitjespapier. De brede wegen van noord naar zuid heten *Avenue*, de straten van oost naar west heten *Street*. En al die straten hebben een nummer, zodat je altijd precies weet waar je bent.

Ik wilde dat mijn leven zo was.

Stil kijk ik door het raam van de taxi naar buiten. De gebouwen beginnen te krimpen, de zakenmannen in strakke pakken veranderen in jongeren in skinny jeans.

Ik vond mijn kamer pas gisterochtend vroeg, op de Amerikaanse versie van Marktplaats. Mijn vinger deed pijn van een hele nacht scrollen en mijn ogen brandden. Ik had het eigenlijk al opgegeven. Het lukte niet. Ik zou thuis aan het moeras moeten wennen. Amerika wilde me niet. Maar toen, tussen vijfhonderd smerige bezemkasten en zevenhonderd krankzinnig dure appartementen, zag ik opeens mijn *studio* staan.

Op de foto's viel zonlicht de kamer binnen door twee hoge ramen en in de beschrijving stond dat je vanuit die ramen het Empire State Building kon zien. Het voelde alsof ik Goudlokje uit het sprookje met de drie beren was: die kamer was precies goed voor mij. De komende weken was hij vrij. En ik mocht de huur vooraf betalen met de creditcard van mijn vader.

6

Het is alsof ik vanuit de taxi in een filmset stap. Een set waar vijftig mensen wekenlang aan gewerkt hebben om zelfs de domste kijker ter wereld duidelijk te maken: dit verhaal speelt in New York.

Maar dit is dus echt.

Terwijl de taxi wegrijdt, kijk ik opgewonden om me heen. Langs mijn straat staan hoge, ijle bomen in vlammende herfstkleuren. De meeste huizen zijn vijf verdiepingen hoog. Ze zijn roodbruin en okergeel en grijs gekleurd, met platte daken en sierlijke metalen brandtrappen voor de gevels. Twee meisjes lopen langs van wie ik meteen weet: dat zijn fotomodellen. Hun benen zijn lang en heel dun. Ze hebben een verveelde uitdrukking op hun gezicht en grote kartonnen bekers koffie in hun hand. Met zo'n plastic dekseltje erop.

Ik kijk naar de huisnummers. Mijn kamer moet op de bovenste verdieping zijn van het bloedrode gebouw. Naast de voordeur zit een slordige rij bellen. Meer dan er verdiepingen zijn – het duurt even voordat ik de naam vind die ik moet hebben. Daar staat het, in vervaagde letters: Greenberg.

Ik ben te moe om nog zenuwachtig te zijn, dus ik trek mijn mouw over mijn vinger en bel gewoon aan.

Er gebeurt niks.

Ik bel nog een keer, maar het blijft stil achter de voordeur. En om me heen is New York juist absurd luidruchtig. Van drie verschillende kanten komen sirenes en overal wordt getoeterd: lang en kort en vaak een hele tijd onafgebroken. Dan dendert er door de smalle straat een truck die in Nederland meteen verboden zou worden: de motor gromt en uit de rochelende uitlaat komen zwarte wolken.

Ik begin te hoesten, en juist op dat moment gaat de voordeur open.

Ik had een volwassen man met een sikje verwacht. Op de kamer-website was Mr Greenberg een vrolijk lachende man met twee chihuahua's en een goudblond sikje.

Maar op de drempel staat een jongen. Hij kan niet veel ouder zijn dan ikzelf. Zijn korte, donkere haar is verward, zijn T-shirt zit binnenstebuiten en hij heeft geen schoenen aan.

Hij lacht niet.

'Vertel het maar,' zegt hij in het Engels. 'Wat is deze keer de bedoeling?'

Ik kijk hem verbijsterd aan.

'Ik weet dat Abby je gestuurd heeft.' Hij klinkt boos. 'Mijn tante belde net al.' Hij houdt een iPhone in de lucht. 'Abby is verdwenen en dat kind is nooit *zomaar* kwijt.'

'Ik...'

'Heb je een banaan bij je met een briefje erin verstopt?' Hij geeft me geen tijd om antwoord te geven. 'Nee, natuurlijk niet. Abby doet nooit twee keer hetzelfde.' Hij zucht. 'Kom je dan iets uitbeelden? Heb je een filmpje voor me? Moet ik ergens naartoe?'

Ik schud mijn hoofd. Ik weet even niet meer hoe praten moet.

'Oké, ik snap het al,' zegt de jongen. Zijn ogen zijn heel donkerbruin. 'Ik moet precies het goede zeggen, dan reageer je pas. Als een soort wachtwoord.' Hij fronst zijn wenkbrauwen en kijkt naar de grond. Langzaam worden zijn wangen rood.

'Abby wil dat ik met je praat. Dat ik vanuit het niks een echt gesprek met je voer. Dat is het, toch?' Hij veegt met zijn hand langs zijn neus. 'Daarom heeft ze jou uitgekozen. Een knap meisje met wie ik normaal nooit zou praten. Maar ze snapt dus niet dat het zo niet werkt. Ik bedoel: er is een reden dat ik niet met knappe meisjes praat. Knappe meisjes en ik...'

Hij stopt en ik staar hem aan. *Een knap meisje?*

De jongen zucht. 'Zeg maar tegen Abby dat ik het verpest heb. Deze opdracht was te moeilijk.' Hij wil de deur weer dichtdoen.

'Wacht!' roep ik. 'Wie is Abby dan?'

Met een zwaai gaat de deur weer open.

'Mijn zusje,' zegt hij. 'Dat weet je to–'

Hij kijkt me aan en ik zie dat het langzaam tot hem doordringt.

'Echt?' vraagt hij dan, met de bleke-aardappelpureestem die ik zo goed van mezelf ken. 'Je weet niet wie Abby is?'

'Nee.'

'Je hebt niets te maken met haar opdrachten? Ze heeft je niet verteld dat je hier moest blijven staan totdat ik je ging versieren?'

'Sorry,' zeg ik. 'Ik ben Emilia. Ik kom uit Nederland en ik heb hier een kamer gehuurd.'

Hij wil nog wat zeggen, maar schudt dan zijn hoofd en blijft zwijgen.

'Dus Abby is kwijt?' vraag ik.

'Ze zou dit weekend bij mijn tante logeren, maar ze is weggelopen.' Hij durft me nog steeds niet aan te kijken. 'Abby is negen, en dat is de allerergste leeftijd voor meisjes. Ze heeft geen idee hoe gevaarlijk de wereld is, maar ze denkt dat ze James Bond is en dat ze alle problemen in New York wel even kan oplossen.'

'En dat ze een vriendinnetje voor jou kan regelen.'

Meteen wilde ik dat ik niks gezegd had, want zijn wangen waren juist een beetje opgebleekt.

'Ik praat te veel,' zegt hij.

'Ik ook,' zeg ik vlug.

Dat is niet waar, want meestal houd ik juist mijn mond.

Ik ben altijd bang dat ik het verkeerde zeg. Ik loop hier al veertien jaar rond, maar ik heb het gevoel dat ik nog steeds de regels niet ken.

Het duurt een tijd voordat we weer geluid durven te maken. Alleen de sirenes blijven gillen op de achtergrond. De taxi's blijven toeteren, de stad blijft blinkend razen.

'Ik ben Seth Greenberg,' zegt hij dan. Als een goed opgevoede Amerikaanse robot steekt hij zijn hand naar me uit. '*Nice to meet you, Emilia...*' Maar zijn hand is geen schoongepoetste robotarm. Zijn vingers zitten onder de zwarte vegen, alsof hij net de inktpatroon van een printer uit de oertijd heeft vervangen. Of misschien heeft hij een week geleden een band geplakt en sindsdien zijn handen niet meer gewassen.

Het is stom, dat weet ik. Maar ik kan het gewoon even niet aan. Ik ben te moe. Ik kan me er niet overheen zetten.

'Sorry,' zeg ik dus. Achter mijn rug maak ik een vuist van mijn rechterhand. 'Ik ben verkouden. Ik wil je niet aansteken.'

Hij haalt zijn schouders op. 'Maar als Abby je niet gestuurd heeft, waar kom je dan voor?'

'Voor de kamer!'

Hij kijkt me vragend aan.

'Dat zei ik net toch al? Ik heb jullie studio gehuurd.' Ik pak de map uit mijn tas. 'Ik heb contact gehad met Mr Greenberg. Ik denk dat dat je vader is?'

'Dat denk ik niet,' zegt Seth. 'Mijn vader is al twee jaar dood.'

Ik blader door de papieren. Mijn hand met de snee trilt weer. Ik doe maar even alsof ik dat over de dode vader niet gehoord heb. Ik wil gewoon dat Seth me naar mijn kamer brengt. Ik wil plassen en douchen en slapen.

'Kijk.' Ik houd de papieren voor zijn neus en hij begint zwijgend te lezen. De beschrijving van de studio. De mailtjes die ik naar Mr Greenberg stuurde. Zijn antwoorden terug.

'Dus je bent hier helemaal alleen?' vraagt Seth na een tijdje. 'Je komt uit Nederland en je hebt een kamer via Craigslist gehuurd?'

Ik knik.

'*Holy shit!*' Hij schudt zijn hoofd. Niet eventjes, maar een hele tijd. 'Jij bent nog erger dan een meisje van negen.'

'Hoe bedoel je?' vraag ik, nogal kortaf.

'Ik dacht echt dat het straks beter zou worden met Abby! Ik dacht dat ze over een jaartje wel zou stoppen met kwijtraken en geheime missies en al die ellende. Maar als ik dit zie...' Hij kijkt me aan. 'Deze kamer bestaat helemaal niet.'

'Natuurlijk bestaat hij wel,' zeg ik meteen.

'Nee hoor. Die Mr Greenberg is een oplichter. Er is hier geen studio te huur. Die man heeft gewoon foto's gebruikt van een heel andere kamer. Alsof je vanaf hier het Empire kan zien!'

'Maar kijk dan even.' Mijn stem is hoog. 'Hier staat zijn naam bij de advertentie. Dat klopt toch? Greenberg, dat is toch jouw achternaam?'

Seth haalt zijn schouders op. 'Die heeft hij dan overgeschreven van het bordje naast de bel.'

Hij zegt niks meer, kijkt me alleen maar aan. Hij geeft mijn hersens alle tijd om het te begrijpen.

De afgelopen dagen heb ik me alle rampen sinds de geboorte van Jezus voorgesteld. En alle rampen die nog moeten komen. Treinongelukken, vliegrampen – ik hield er allemaal rekening mee.

Maar ik had nooit bedacht dat de kamer die ik huurde gewoon helemaal niet bestaat.

Seths telefoon begint te rinkelen. Een zenuwslopend, mechanisch deuntje. Hij neemt op.

'Abby!' roept hij in zijn mobiel. 'Waar ben je? Ik had tante Leah net huilend aan de telefoon...' Hij luistert een hele tijd. 'Je bent gek! Blijf waar je bent. Ik kom je halen.'

Hij stopt zijn telefoon weer terug. 'Ik moet weg. Dat kind is levensgevaarlijk.'

'Maar...'

'Het spijt me. Abby heeft afgesproken met iemand van internet, dus ik moet zo snel mogelijk naar haar toe. Je zult iets anders moeten zoeken. Gelukkig zijn er genoeg hotels in New York.'

'Wacht!' roep ik, maar de voordeur is al dicht.

Ik hoor zijn vlugge voetstappen op de trap. En daarna hoor ik niks meer. Alleen mijn hart, dat bonkt in mijn hoofd. En het bloed dat langs mijn oren suist.

7

Ik blijf naar de dichte deur staren.

Terwijl ik daar nog bewegingloos sta, komt Seth zijn huis weer uit met een fiets op zijn schouder. Hij draagt nu versleten gympen en een donkere capuchontrui. Op zijn hoofd zit een neongroene fietshelm.

'*Good luck!*' roept hij, en dan is hij al op zijn fiets gesprongen en racet hij weg.

Ik wil schreeuwen dat hij moet blijven. Dat ik veertien ben en dat ik geen idee heb wat ik nu moet doen. Hij is de enige New Yorker die ik een heel klein beetje ken. De enige die telt in elk geval, want verder weet ik hier alleen maar beroemdheden: Ashton Kutcher en Beyoncé en de jongen die Harry Potter speelde. Maar ik schreeuw niet en Seth suist in de verte een hoek om.

O MY GOD, zeg ik woedend tegen mezelf, *hoe dom kun je zijn?* Je wéét toch dat internet niet te vertrouwen is? Op school hadden we vorig jaar zelfs nog van die zeiklessen mediawijsheid, gegeven door een brave mevrouw die tien keer minder van computers snapte dan wij.

Waarom geloofde ik ook maar één seconde dat die lachende Mr Greenberg met z'n goudblonde sikje zo vriendelijk zou zijn om mij een prachtige kamer te verhuren voor heel weinig geld?

Of nou ja, voor vijfhonderd dollar per week.

Vergeleken met de andere kamers was dat goedkoop. En gisteren heb ik dus stompzinnig naïef duizend dollar overgemaakt naar Rusland of Nigeria of god weet waar die vent eigenlijk woont met zijn chihuahua's. Als die beesten tenminste wél bestaan.

Ik bal mijn vuisten – ook mijn linkerhand met de snee – totdat ik tranen in mijn ogen heb.

Eindelijk, voor het eerst van mijn leven, ben ik in mijn lievelingsstad.

Maar zonder kraan.

Zonder matras.

En zonder creditcard.

Ik kijk op mijn telefoon. Ik heb alweer drie nieuwe gemiste oproepen van mijn vader. In mijn lichaam zijn schokkend veel cellen die huilend willen terugbellen, maar ik negeer ze.

Het is zes uur 's avonds en het begint snel donker te worden. De lantaarns springen aan en opeens lijkt mijn straat een toneelstraat. Eerst liep ik over een filmset, nu sta ik op een podium met brandtrappen van karton en toneelbomen van plastic. Zo nu en dan gooit iemand een paar herfstbladeren naar beneden. Elk blad heeft de vorm van twee aan elkaar geplakte hartjes.

Ik staar er een hele tijd naar. Dan zet ik mijn voet op twee hartjes en draai ik mijn laars langzaam heen en weer.

Vastberaden zet ik hekken neer in mijn hersens. Ik mag alleen aan het komende kwartier denken. Wat ik nú moet doen, daar gaat het om. Moordenaars en verkrachters zijn verboden terrein. Mijn ouders bellen is ondenkbaar. Rillen van de kou, huiveren, beven – die woorden ken ik niet.

Oké. Ik heb dus geen bed in deze stad.

Hoe krijg je hier een bed?

Door geld te betalen.

Wat moet ik nu dus als eerste doen?

Meer geld pinnen.

Wat heb ik daarvoor nodig?

Een pinautomaat.

Ik trek het handvat uit mijn koffer en begin te lopen. De

wieltjes ratelen dof op de betonnen stoep. Ik loop langs de gekleurde huizen, van schijnwerper naar schijnwerper – en ik denk aan een jongen die ik een keer op televisie zag. Die jongen van twintig had vanaf zijn dertiende het gevoel dat hij in een film zat. Hij was niet *echt*, zei hij zelf. En zijn ouders en vrienden en leraren waren ook allemaal acteurs.

Ik vond hem zielig. Niemand wil voor altijd een acteur zijn. Maar tegelijk vroeg ik me af of hij de enige was die hardop zei wat we allemaal voelen. Op de basisschool was het misschien anders. Maar bij mij op de middelbare school speelt iedereen een rol. Serieus. Ons hele gebouw is één groot theater.

Ik hoop natuurlijk dat het later anders wordt. Maar soms, als ik wakker lig terwijl de nacht op zijn zwartst is, ben ik bang dat het nooit zal stoppen. Dan ben ik bang dat je als volwassene niet mag ophouden met toneelspelen. Dat je nooit vrij krijgt. Dat het voor altijd door zal gaan.

Aan het einde van mijn straat loopt een zesbaansweg die dwars door de stad snijdt. Het verkeer staat er muurvast en er wordt – hoe kan het ook anders – aan één stuk door getoeterd. Minstens de helft van de auto's zijn taxi's. Taxi's die nergens naartoe gaan.

Op de brede stoep lopen mensen met totaal verschillende plannen dwars door elkaar. Volwassenen in designerkleren komen uit hun werk en lopen gehaast naar de metro. Jongens met tweedehands jassen en brillen met zwarte monturen studeren hier natuurlijk. En meisjes in ultrakorte, glimmende jurkjes zijn wankelend op weg naar loungebanken, cocktails en blonde erfgenamen die *James Howard the Third* heten.

Zulke jongens bestaan echt. Dat weet ik uit films.

Terwijl ik nog denk over genummerde erfgenamen, zie ik opeens een felverlichte etalage van de Bank of America. Met mijn loodzware koffer ren ik er op een sukkeldrafje naartoe. Ik rammel aan de deur.

Op slot.

Half verdoofd staar ik naar de automaten in hun kale hok en dan staat er opeens een man met een baard naast me. Geen witte Sinterklaasbaard, maar zo'n hip baardje dat nu opeens in de mode is.

'Wil je naar binnen?' vraagt hij.

Ik knik zwijgend.

Hij haalt zijn creditcard door een sleuf naast de deur. Het lichtje springt op groen en de deur gaat open.

'*Thank you!*' zeg ik verbaasd.

De man lacht even naar me en loopt dan weer verder. Ik trek mijn koffer het lichte hok binnen en begin met pinnen.

Maar dat gaat dus niet. In het buitenland mag ik maar één keer per dag geld opnemen. En op het vliegveld had ik maar vijftig dollar gepind – lang niet genoeg voor een hotel.

Ik sleur mijn koffer weer naar buiten. De hekken staan nog overeind in mijn hoofd. Maar er wordt aan getrokken. Nog even en ze vallen om.

'*Excuse me!*' roep ik naar een vrouw in een hysterische outfit die rechtstreeks uit *Sex and the City* lijkt te komen. 'Weet u misschien waar ze gratis wifi hebben?'

Ik kan niet zien hoe oud ze is. Haar huid is strakgetrokken, haar gezicht zwaar opgemaakt. Ze is een angstaanjagend goed gelukte etalagepop.

'Bij Starbucks hebben ze wifi,' zegt ze met de stem van een aanstellerig klein meisje. 'Hier doorlopen en dan rechts op Broadway.'

Dwars door het getoeter en de neonlichten sleep ik mijn koffer naar het groen-witte logo met de zeemeerminvrouw. Binnen is het warm en ruikt het naar koffie. Ik ga eerst naar de wc, die goddank schoon is. Dan koop ik een beker thee en een bosbessenmuffin. Ik ga zitten aan een tafeltje bij het raam en zonder mijn jas uit te doen of een hap van mijn muffin te nemen, pak ik mijn telefoon.

Ik weet dat ik zo snel mogelijk op zoek moet naar een hotel waar ik morgen pas hoef te betalen, maar eerst google ik *wonden verzorgen*. De snee in mijn hand klopt nu voortdurend. Ook wil ik weten hoe vervuild de lucht in New York eigenlijk is en moet ik controleren of Ashton Kutcher wel echt hier woont.

Mijn mail check ik heel bewust *niet*. Nieuwssites ook niet. En Facebook en Twitter kan ik niet eens bekijken, want ik heb gisteren mijn accounts verwijderd.

De muffin is zoet en aangenaam plakkerig, met sappige bosbessen en een vage vanillesmaak. Ik heb het eindelijk weer warm en steeds minder cellen in mijn lichaam willen huilend naar huis bellen.

Maar dan zoek ik op een forum naar tips voor hotels en is het allemaal voorbij.

Als minderjarige mag je in Amerika niet in je eentje een hotelkamer huren. Dat is verboden. En je kunt niet liegen over je leeftijd, want ze vragen altijd naar je paspoort.

Ik blijf zoeken, maar ik vind geen oplossing. Na een uur kan ik nog maar één ding bedenken: naar de politie gaan. Mezelf aangeven.

En dan moet ik morgen met het eerste vliegtuig terug naar huis.

8

Om elf uur 's avonds gaat Starbucks dicht. Ik trek mijn jas aan, pak mijn gebloemde tas en mijn koffer en ga naar buiten. Op de ijskoude stoep blijf ik staan.

New York viert uitzinnig dat het vrijdagavond is. Een verlengde limousine rijdt voorbij, een groep verklede mannen met kroontjes en boa's gilt dat Mitchell gaat trouwen, twee zwarte meisjes lopen giechelend langs in glitterrokjes – maar ik hoef het allemaal niet meer te zien. In Nederland is het vijf uur 's ochtends. Ik ben nog nooit van mijn leven zo lang achter elkaar wakker geweest. Mijn hoofd voelt dof en mijn lichaam beeft.

Ik weet nu precies waar het politiebureau is. Maar ik ga de andere kant op.

Aan mijn kleine tafeltje bij het raam heb ik er lang over nagedacht. Ik heb het me voorgesteld. Hoe het zou zijn om me te melden bij de politie. Hoe het zou voelen als ze dan mijn ouders belden. En hoe het zou zijn om straks weer met z'n drieën aan de keukentafel te zitten.

Nu loop ik dus terug naar het huis van Seth en Abby. Als ik om half twaalf 's avonds bij hen op de stoep sta, dan zullen ze me toch wel binnenlaten? Dat kan toch niet anders?

Uitgeput sjok ik langs de zesbaansweg, voorbij de pinautomaten in hun kale hok, naar de smalle straat met de bomen. Er komen dronken mensen voorbij. Een paar mannen schreeuwen naar me, maar ik kijk strak naar de grond en loop door.

Ik weet niet of ik bang ben.

Natuurlijk ben ik bang, maar die dronken mannen zijn niet

mijn grootste probleem. Zeg ik tegen mezelf. Ik probeer aan films te denken, me weer voor te stellen dat ik over een podium loop, maar ik ben te moe.

Ik kan alleen nog maar denken aan het planetarium van mijn vader. Ik zie planeet Aarde voor me en heb het gevoel dat ik scheef sta. Al die tijd in Nederland liep ik rechtop. Nu ben ik naar een totaal ander deel van de aardbol gevlogen. Dat moet toch iets met je hoofd doen? Dan stroomt je bloed toch niet meer normaal?

Duizelig sta ik weer voor het rode gebouw. Ik trek mijn mouw over mijn vinger en bel aan bij *Greenberg*. Ik luister met mijn oor aan de deur. Ik bel nog een keer en wacht.

Na zeventien keer bellen geef ik het op. Seth slaapt als een mammoet, of hij is nooit teruggekomen.

Ik laat me zakken op het stenen trapje voor zijn deur en leun met mijn hoofd tegen de rood geverfde bakstenen. Mijn handen waren al koud en nu voel ik ook ijs door mijn benen trekken. Ik kijk verlangend naar mijn uitpuilende koffer. Netjes opgevouwen in die koffer zit een wonderschone slaapzak die ik altijd meeneem omdat ik niet van de dekens en dekbedden van andere mensen hou.

Ik denk erover om de slaapzak uit te pakken, maar ik doe het niet. Dat ding zou smerig worden, hier op straat. En stel je voor dat de politie me ziet terwijl ik als een zwerver in een slaapzak op de stoep lig. Dan hoef ik niet meer naar het bureau te lopen. Dan nemen ze me gewoon mee.

Ik haal mijn telefoon uit mijn tas en zie dat mijn vader eindelijk antwoord heeft gegeven op mijn sms'je.

Oké, we gaan nog niet naar de politie. Maar ik wil jou én Käthe morgen spreken.

Ik stop het bericht meteen achter de hekken in mijn hoofd. Morgen bedenk ik wel hoe ik daar nou weer op ga antwoorden.

Een groepje mannen komt zingend voorbij. Ze roepen

naar me dat ik lekker ben. Eentje komt vlak voor me staan en vraagt of ik soms mee wil naar een bar op het dak van een hotel in het Meatpacking District. Ik zeg dat ik hier ga logeren, dat ik wacht op vrienden die in de file staan.

Hij vraagt of ik uit Ierland kom. Ik zeg nee.

Hij vraagt of ik hem wil pijpen. Ik zeg nog een keer nee.

De hele groep moet lachen. Ze stoten elkaar aan, maar lopen dan toch verder.

Ik begin te klappertanden.

Op de grond om me heen liggen al die hartvormige herfstbladeren te verdorren. De meeste zijn geel, maar er is ook een rode bij. Ik staar ernaar. Ik ben eraan gewend om me eenzaam te voelen. Als ik mijn moeder hoor praten over haar zwangerschap, dan weet ik dat ik in haar buik ook al een beetje eenzaam moet zijn geweest.

Maar zó eenzaam, dat is nieuw.

Ik doe mijn ogen weer open als ik een jongensstem hoor. Even denk ik dat het Seth is. Maar deze stem is anders. Heftiger. Bozer.

Ik ga rechtop zitten. Mijn botten zijn door en door koud. Mijn ogen prikken. Een blonde jongen komt dichterbij. Hij loopt midden op straat, trapt een leeg bierblikje voor zich uit en scheldt hartgrondig.

'*Those fucking arrogant bastards!*' Hij geeft een trap tegen het blikje. 'Het kan niemand hier iets schelen of je naar de klote gaat.' Hij verliest bijna zijn evenwicht, maar blijft overeind. 'Ik haat die rijke *fuckers*!'

En dan ziet hij mij. Hij blijft staan.

Ik weet niet of ik ooit zo'n knappe jongen heb gezien. Zijn lichte spijkerbroek rafelt en de veters van zijn hoge, zwarte schoenen hangen los. Onder zijn jas draagt hij een wit T-shirt met spetters die in het lantaarnlicht zwart lijken. Maar ik weet meteen dat het bloedvlekken zijn. Zijn rechterhand zit in het verband.

Hij neemt een slok uit een fles in een bruine papieren zak en kijkt me zwijgend aan.

Ik ben nu zo moe dat de hele wereld een film lijkt. Langzaam steek ik mijn eigen hand met de pleister in de lucht. Als een soort groet van de ene gewonde aan de andere.

'Vietnamoorlog?' vraagt de jongen. Met de bruine zak wijst hij naar mijn pleister.

'Onafhankelijkheidsoorlog,' zeg ik. 'En jij?'

'Ik?' Het duurt een tijd voordat hij antwoord geeft. 'Ik heb de *worst fucking day of my life*. Ik heb nog maar negen vingers en ik ben ontslagen.'

Zijn blonde haar hangt voor zijn ogen. Ik kan niet goed inschatten hoe oud hij is. Ouder dan ik in elk geval. Ook ouder dan Seth.

Hij neemt weer een slok. Dan fronst hij zijn wenkbrauwen. 'Hoor jij ook bij mijn ergste dag? Of zit je hier gewoon?'

'Ik denk dat ik hier gewoon zit,' zeg ik. 'Ik hoor al bij de ergste dag van andere mensen.'

Het klappertanden is weer begonnen en ik weet zeker dat ik ziek ga worden. Geen verkoudheid, maar een dubbele longontsteking. Acute hersenvliesontsteking. Of gewoon helemaal dood.

'Wat ben je eigenlijk aan het doen?' vraagt de jongen.

'Ik wacht op vrienden.'

'Vrienden? Dat zijn van die vierkante plaatjes op Facebook, toch?'

Ik knik. 'Daar wacht ik op.'

'En als je nou...'

Hij houdt op met praten en wankelt. Ik zie zijn ogen wegdraaien. De fles valt rinkelend op straat.

Ik ben niet op tijd om hem op te vangen, maar ik kan nog net zijn bovenlijf vastpakken en ervoor zorgen dat hij niet met zijn hoofd tegen de stenen knalt. Samen zakken we neer op de grond.

9

Ik voel zijn stroeve jas en warme huid tegen mijn blote handen en ril. Hoe smerig is een leren jas die nooit gewassen wordt? Kun je ziek worden van opgedroogd bloed?

Ik kijk naar zijn bleke gezicht. Mijn ademhaling gaat snel.

Moet ik om hulp schreeuwen?

In het wilde weg aankloppen bij de huizen om me heen?

911 bellen?

Ik ga het straks allemaal doen. Echt waar. Ik laat deze jongen niet doodgaan op straat. Natuurlijk niet. Maar heel even wacht ik nog. Want ik wil de politie niet bellen. Ik wil nog steeds niet terug naar Nederland.

Voorzichtig leg ik hem neer op de koude stenen. Zijn hoofd moet laag zijn, zodat er bloed naartoe kan stromen. Ik voel zijn pols. Dat kan ik, want ik check mijn eigen hartslag elke dag. Er klopt iets, daar binnen in zijn lichaam. Hij leeft nog.

En dan beweegt hij. Ik laat zijn hand meteen los.

'Jezus.' Hij kreunt. 'Wat...'

'Je viel flauw,' zeg ik.

'Wow.' Hij wrijft met zijn hand over zijn gezicht. Traag schudt hij zijn hoofd. 'Misschien had ik niet moeten drinken na die pijnstillers in het ziekenhuis...'

Ik zit op mijn knieën naast hem. De straat is verlaten. Ik zou even willen huilen, maar dat doe ik natuurlijk niet.

Hij kijkt omhoog, naar de nacht zonder sterren. 'Misschien moet ik maar naar bed,' zegt hij, zonder zich te bewegen.

'Woon je ver weg?'

'Toevallig ben ik al bijna thuis. Ik woon daar.' Hij wijst op een vuilwit huis met roestige brandtrappen. 'Súperhandig.' Hij blijft nog steeds liggen.

'Kom op dan,' zeg ik. Ik ben bang dat hij straks ook longontsteking heeft.

Samen krijgen we hem overeind. Hij wankelt nog steeds, dus ik zeg niks als hij zijn arm om mijn schouders slaat. Ik heb nog nooit zo'n zware arm gevoeld. Het lukt hem niet om zijn deur open te maken, dus hij geeft de sleutel aan mij.

'Sorry,' zegt hij. 'Nu moet ik nog drie trappen omhoog...'

Ik zucht. Er is niks aan te doen. 'Wacht even,' zeg ik. 'Ik zet mijn koffer hier in de hal, anders is hij straks weg.'

Ik ontdek dat het één voordeel heeft om een gewonde jongen drie trappen op te slepen: je krijgt het er warm van. Het is lang geleden dat een ander lichaam zo dicht bij het mijne was. Mijn vader mag me al jaren niet meer aanraken. Mijn moeder heeft nooit gehouden van vlees tegen haar eigen vlees.

En dan, halverwege de tweede trap, heb ik opeens een idee. Stel nou dat deze half lamme jongen een logeerkamertje heeft...

Het is krankzinnig, dat weet ik ook wel. Normaal zou ik er niet over piekeren om bij een vreemde jongen te gaan slapen. Bij Seth wel, maar dat was anders. Die Seth is nog onhandiger en verlegener dan ik zelf ben, en hij heeft een zusje van negen. Bij een grote broer kun je best logeren.

Maar de persoon die op dit moment om mijn hals hangt, lijkt totaal niet verlegen. Hij ziet eruit als een verarmde erfgenaam en hij scheldt zoals de helden uit Amerikaanse films. Er is eigenlijk maar één ding dat op dit moment voor hem pleit vanuit het logeerperspectief: hij is half bewusteloos.

Het is niet veel, dat geef ik toe. Maar de straten van New York zijn guur vannacht. En hoe erg kun je nou verkracht worden door iemand die steeds van zijn stokje gaat?

Na drie steile trappen staan we voor een mintgroene deur.

'Dat is niet mijn kleur, hoor,' zegt hij, terwijl ik het slot openmaak. 'Ik kon de kamer overnemen van een vriend van mij.'

Hij loopt naar binnen, maar ik blijf op de drempel staan. Ik wist niet dat monden echt open konden gaan van verbazing.

In het midden van de kamer ligt een tweepersoonsmatras met een berg dekens erop. En dat is de volledige inrichting. Letterlijk. Geen stoelen. Geen tafel. Geen kasten. Alleen een bruin zeil, kale muren en een bubbelig plafond met vochtplekken en een gloeilamp aan een draad.

'De matras kon ik ook overnemen.' De jongen schopt zijn schoenen uit. 'Voor de rest had ik nog geen tijd. En geen geld, natuurlijk.'

Hij gooit zijn jas op de grond, trekt het T-shirt met de bloedvlekken over zijn hoofd en laat zijn broek zakken. Ik kijk naar het plafond, maar zie toch dat er een lachend Koekiemonster op zijn boxershort staat.

'Waar is mijn telefoon?' mompelt de jongen. Hij pakt zijn broek weer. 'Ik moet de wekker zetten. Die fuckers in het ziekenhuis zeiden dat ik misschien een hersenschudding heb. Omdat ik tegen de grond knalde van al het bloed.' Hij zucht. 'Ze zeiden dat mijn moeder me vannacht om de twee uur wakker moet maken.'

Ik trek mijn wenkbrauwen op. 'Waar is je moeder dan?'

'Thuis, in Detroit.'

'Heb je dat ook aan de dokter verteld?'

'Dat gaat hem echt geen ene fuck aan. Waarom zou ik een of andere klootzak vertellen waar mijn moeder woont?'

Hij gaat liggen op de dunne matras, legt de verbonden hand op zijn borst en trekt de deken over zich heen. Ik sta op de drempel en kijk naar hem. Zijn ogen vallen al bijna dicht.

'En wat als je over twee uur nou bewusteloos bent?' vraag ik. 'Dan hoor je je telefoon helemaal niet.'

'O ja,' zegt hij slaperig. 'Dat is dan best wel fuck. Nou ja, niks aan te doen.'

De kale gloeilamp schijnt bleek op zijn gezicht. In de ene hoek van de kamer staat een kartonnen doos met kleren. In de andere hoek ligt een stapel vijfdehands boeken.

Ik ben zo moe dat ik bijna omval, maar ik moet nadenken.

Die matras lag hier waarschijnlijk al toen er nog dinosaurussen door New York liepen. God weet hoeveel smerigheid erin zit. God weet hoeveel schimmel hier op je gezicht valt terwijl je slaapt. En alleen God weet of er hier kakkerlakken zijn.

Ik wil me omkeren en alle trappen weer af stormen. Maar als ik nu niet een paar uur mag slapen, kan ik straks niks meer. En dan is er nog iets. Die onbekende jongen heeft pijnstillers gekregen en bier gedronken en daarnet viel hij flauw. Misschien raakt hij vannacht wel in coma.

Ik aarzel nog steeds. Ik weeg de kou af tegen de bacteriën. Het stoepje tegen een tweepersoonsmatras met een halfnaakte jongen erop.

En dan denk ik aan mijn ouders. Ik zie hun gezichten voor me. Mijn vader met rimpels die als grafieken over zijn voorhoofd lopen. Mijn moeder met grijsgroene ogen die dwars door de wereld kijken.

Stel je voor. Die zielige moerasbewoners geloven dat ik naar Frankfurt ben gevlucht, maar in werkelijkheid ben ik in New York. Dat is absoluut goed.

Maar het kan nog beter.

Ze denken dus dat ik op dit moment veilig in het brandschone appartementje van Käthe logeer. Maar ooit zal ik ze vertellen dat ik deze nacht doorbracht naast een halfdronken, bijna helemaal blote, met bloed bespatte jongen op een stokoude matras in een beschimmelde kamer midden in New York.

Ik verheug me er nu al op.

10

Als ik om kwart over drie 's nachts wakker word van een onbekende telefoon, blijf ik verstijfd liggen.

Ik heb het echt gedaan. Ik ben bij hem blijven slapen. En niemand op de wereld weet waar ik ben. Hij kan me vermoorden en oplossen in zoutzuur zonder dat iemand het merkt.

Er zijn geen gordijnen, dus ik kan hem vaag zien. Het mobieltje naast hem rinkelt door, maar hij blijft doodstil liggen. Ik moet over hem heen hangen om de telefoon te pakken.

'Ben je wakker?' fluister ik. Hij ruikt naar bier. En kokos.

Hij mompelt iets onverstaanbaars.

'Weet je in welke stad we zijn?'

'New York,' zegt hij schor.

'Hoe heet je?'

'Jim.'

En dan zit hij opeens rechtop. '*What the...?*' Hij staart me aan.

'Sorry,' fluister ik. 'Ik ben blijven logeren. Ik wilde het je vertellen, maar toen sliep je al.'

'En toen ben je gewoon bij me in bed gaan liggen?' Hij schudt zijn hoofd. 'Ik kan je aanklagen voor aanranding.'

'Ik heb al mijn kleren nog aan!'

'Maar ik niet.' Hij gaat weer liggen. 'Als je maar op je eigen helft blijft. Ik hou niet van meisjes in mijn bed.' En dan is hij alweer in slaap gevallen.

Ik heb het bloedheet als de wekker twee uur later weer gaat. Zodra ik het alarm uitzet, hoor ik hem kreunen.

'Jezus, dit doet pijn.'

'Je hand met vier vingers?'

'Alsof hij explodeert. En dan implodeert. En daarna knalt hij weer uit elkaar. Echt, ik...' Hij maakt een geluid dat nog het meest op janken lijkt.

'Heb je geen pijnstillers meegekregen van het ziekenhuis?' vraag ik zacht.

'God ja, en antibiotica! Fucking duur allemaal. Maar ze zeiden dat ik echt niet zonder kon.'

Ik ben duizelig als ik opsta. Ik doe het licht aan, knijp mijn prikkende ogen half dicht en doorzoek de zakken van zijn leren jas. Ik vind twee doosjes met pillen en lees de aanwijzingen op de voorkant.

'Op de grond in de hoek staat cola,' zegt hij schor.

Ik geef hem de halfvolle fles en een oranje pil en probeer er niet op te letten hoe knap hij is. Op school zijn de jongens die er zo uitzien het ergst van allemaal. Ze zijn stuk voor stuk bevriend met Juno. En afgelopen week zorgden hun posts op internet ervoor dat ik moest overgeven.

'Jim!' fluister ik twee uur later. 'Hoe oud ben je?'

'Zeventien,' mompelt hij zonder zijn ogen open te doen. 'En het maakt niet uit wat je zegt. Als ik naar New York wil verhuizen, dan doe ik dat gewoon. Ik heb geen leerplicht meer en ik haat school.'

'Dat snap ik,' zeg ik.

Hij doet zijn ogen open. 'Jezus!' Zijn blonde haar plakt tegen zijn voorhoofd. 'Ik dacht dat je mijn moeder was.'

Buiten begint het licht te worden. Ik voel dat het in Nederland al middag is, want ik slaap steeds onrustiger. Net droomde ik over Jim. En dan is het dus best wel raar om wakker te worden en nog steeds naast hem in bed te liggen.

Hij draait zich op zijn rug. 'Al die volwassenen hebben er zelf een teringzooi van gemaakt. En nu moet ik tot in de eeuwigheid naar school om te leren hoe ik hun zooi in stand kan houden? Kom op zeg!'

Ik geef geen antwoord. Ik weet alles van zooi, maar dat doet er nu niet toe. Ik luister naar zijn ademhaling, die langzaam weer dieper wordt.

Vroeger, als mama op reis was, dan mocht ik bij mijn vader in het grote bed slapen. Hij hield niet van sprookjes, dus voor het slapengaan vertelde hij me over dingen die waar waren. Over de ringen van Saturnus. Over luchtballonnen, stoommachines en barometers. En over Benjamin Franklin, die tijdens een onweersbui ging vliegeren om de bliksem te vangen.

Na nog een uur heb ik te veel honger om nog te kunnen slapen. Ik sta op en ga op zoek naar de badkamer. Douchen is onmogelijk in zoveel harige smerigheid, maar de pleister op mijn hand moet echt vervangen worden. Dat kan niet langer wachten. Met trillende handen maak ik de wond schoon met sterilon en twee soorten jodium.

In zekere zin, moet ik bekennen, valt de snee me mee. Hij is geen lichtjaren diep. En hij ziet er eigenlijk ook niet ontstoken uit.

'Jim?'

Hij kreunt.

'Ik ga ontbijt halen. Ik neem je sleutels even mee, oké?'

Hij geeft geen antwoord. Ik besluit dat dat *prima, leuk en behulpzaam meisje* betekent.

11

Langzaam loop ik de trappen af. Mijn benen optillen, denken, rondkijken – het heeft iets onwerkelijks. Mijn lichaam is viezer dan het ooit geweest is. Mijn laatste douche was drieendertig uur geleden en ik heb de nacht doorgebracht in een muizenhol op mensenformaat. En toch ben ik niet helemaal wanhopig. Want ik doorstond het donker zonder politie. Ik ben niet opgelost in zoutzuur. En voor het eerst van mijn leven heb ik naast een jongen geslapen.

De jongen in kwestie was een bijna bewusteloze, negenvingerige *high school drop-out* die mij vandaag misschien wel gaat aanklagen voor aanranding. Maar als ik dat even vergeet, dan is het een geweldig verhaal voor mijn vriendinnen.

Als ik tenminste nog vriendinnen heb. Ze hebben me de afgelopen dagen niet bedreigd, zoals de rest. Maar ze hebben me ook niet geholpen.

Zodra ik Jims voordeur opendoe, blaast een koude wind in mijn gezicht. Donkere en lichtgrijze wolken marmeren de ochtendlucht. Ik knoop mijn jas dicht en kijk om me heen. Waar kan ik zo snel mogelijk eten vinden?

Dan pas zie ik het meisje.

Ze zit op het stenen trapje voor de deur van Seth, precies waar ik vannacht aan het klappertanden was. Rond haar nek hangt een ketting die met een glimmend slot aan de trapspijlen is vastgeklonken en op de grond voor haar roze regenlaarzen staat een kartonnen bord. Ik steek de straat over.

MIJN BROER HOUDT MIJ GEVANGEN staat er in viltstift op het karton. WILT U MIJ HELPEN? KOOP DAN EEN CUPCAKE VOOR ME (ALLEEN ALS U DAT KUNT BETALEN), STEM OP OBAMA EN TROUW MET MIJN MOEDER. IN NOBELE HOOGACHTING, ABBY GREENBERG.

Ik kijk zwijgend naar haar. Dus dit is het zusje van Seth. Haar ogen hebben de kleur van gesmolten chocola en ze is bijna net zo mager als haar broer.

'Ik was aan het denken,' zegt ze tegen me, alsof ze me al jaren kent. 'Justin Bieber en James Bond en SpongeBob en God zijn allemaal mannen.' Ze stopt. 'Of misschien is SpongeBob geen man... Maar dan is hij in elk geval een jóngensspons. Dat is toch niet eerlijk?'

Ze zit vast en toch beweegt ze voortdurend. Ze draait het puntje van haar donkere vlecht om haar vinger, haar roze laarzen schuifelen over de grond en haar gezicht kan ernstig kijken en lachen tegelijk.

'Zou jij een man willen zijn?' vraagt ze.

'Nee,' zeg ik meteen.

'Waarom niet?'

'Mannen zijn vies.'

Ze knikt. 'Ik snap het al. Je bent lesbisch. Dat mag hoor, hier in New York. Hier kan alles.'

'Ik ben niet lesbisch,' zeg ik.

Ze fronst haar wenkbrauwen. 'Maar hoe ga je dat dan doen? Je kunt later toch niet trouwen met iemand die je vies vindt? Dan zeggen ze tegen je man: "*You may now kiss the bride*" en dan roep jij keihard "Ieuw!"'

'Dat zou een probleem kunnen zijn.'

Voordat Abby tijd heeft om een oplossing te verzinnen, gaat de voordeur open.

Ik weet natuurlijk dat hij hier woont, maar toch is het gek

om Seth weer op de drempel te zien staan. De jongen op wie ik vannacht zo lang heb gewacht.

Hij ziet er vandaag nog ernstiger uit dan gisteren, maar misschien komt dat doordat ik hem nu met Jim vergelijk.

'Hé Seth,' zeg ik opgewekt. Ik wil hem duidelijk maken dat het heel normaal is dat ik standaard op zijn stoep sta, elke keer dat hij de voordeur opendoet.

Maar hij negeert me. Hij kijkt naar de ketting rond Abby's nek en is in één sprong het trapje af. Zijn ogen vliegen over het bord aan haar voeten. Zonder iets te zeggen pakt hij het karton van de stoep en scheurt hij het in stukken.

'Nou ja, zeg!' roept Abby. 'Denk even aan onze Grondwet! In het Eerste Amendement staat dat we mogen zeggen en schrijven wat we willen. Dat hebben we vorige week nog op school gehad.'

Maar Seth denkt duidelijk niet aan de Grondwet. Hij pakt haar arm vast en schudt eraan. '*Mijn broer houdt mij gevangen?* Wil je echt dat mensen de politie bellen? Straks moet ik uitleggen dat mama in San Francisco zit en wij het hele weekend alleen zijn. Dan nemen ze je mee, hoor.'

'Au,' zegt ze boos. 'Ik zit vast. Dat zie je toch?'

'Maak die ketting dan los!' Hij laat haar arm gaan en doet een stap achteruit. 'Waar is de sleutel?'

'Die heb ik niet,' zegt Abby. 'Ik wilde hem eerst opeten, maar het lukte niet om hem door te slikken. Dus toen heb ik hem weggegooid.'

'Hoe bedoel je,' vraagt Seth, '*weggegooid*?'

'Gewoon,' zegt ze. 'Daarheen.' Ze wuift vaag naar de overkant van de straat.

Ik doe mijn best om niet te lachen. Wat mij betreft is negen echt de perfecte leeftijd voor meisjes.

'Ik help wel met zoeken,' zeg ik ernstig.

Samen met Seth steek ik de smalle straat over en zwijgend beginnen we aan de opsporingsactie.

'Hoe kennen jullie elkaar dan?' roept Abby vanaf haar stoepje. Ze volgt onze inspanningen met grote interesse.

Ik laat mijn ogen over de stenen gaan en vertel haar over de kamer die niet bestond.

'Serieus?' vraagt ze. 'Seth zei dat er hier genoeg hotels zijn?' Ze kijkt verontwaardigd naar haar broer. 'Kinderen mogen helemaal geen hotelkamer huren – dat weet je toch? Dat probeerde ik vorig jaar nog toen ik was weggelopen. En toen lukte het ook niet.'

Hij mompelt iets.

'Maar waar heb je vannacht dan geslapen?' roept Abby naar mij.

Ik wijs op het vuilwitte huis. 'Daar, bij Jim. Ik kwam hem midden in de nacht tegen op straat. Hij was gewond en ik heb ervoor gezorgd dat hij niet in coma raakte. Maar nu moet ik zo snel mogelijk iets anders vinden, want Jim heeft een badkamer vol kevers en een tweepersoonsmatras gevuld met dinosaurushaar.'

Voor het eerst vandaag kijkt Seth me aan. 'Je hebt vannacht bij een onbekende jongen in bed geslapen?'

'Ja. Nadat jij me op straat had laten staan, leek me dat wel zo veilig.'

'Maar dat is perfect,' roept Abby. Ze danst heen en weer op het stoepje. De ketting ligt vergeten aan haar voeten. 'Dan kom je nu bij ons logeren. Mama is er toch niet en haar kamer is megaschoon.'

'Je bent los!' Seth staart haar aan.

Ze knikt. 'Ik had maar één hangslot. Dus ik kon de ketting wel aan de trap vastmaken, maar niet rond mijn hals.'

12

Ik zie dat Seth weinig zin in me heeft en dat is irritant.

'Het hoeft niet, hoor,' zeg ik. 'Ik kan ook weer bij Jim gaan slapen.'

'Natuurlijk niet,' zegt hij geërgerd. 'Er zit niks anders op. Je komt bij ons. Gisteren had je toch zo'n belachelijk grote koffer bij je?'

Ik geef geen antwoord. Hij zou zelf eens moeten proberen om zijn hele leven in een doos te stoppen. En vannacht heb ik die *belachelijk grote koffer* toevallig helemaal alleen drie steile trappen op gesleept. Een koffer die je zelf kunt dragen, kan nooit te groot zijn.

'Ik ben zo terug,' zeg ik.

Ik maak Jims voordeur open en ga naar binnen. Maar halverwege de eerste trap blijf ik staan. Ik draai me om.

'Serieus?' vraag ik. 'Jullie gaan allebei mee naar boven?'

'Ik ben misschien negen,' zegt Abby, 'maar ik hou toevallig wél van jongens. Vooral als ze gewond zijn.'

'En jij?' vraag ik aan Seth.

'Voor de veiligheid,' zegt hij kortaf.

Hij staat daar met zijn magere armen en ernstige ogen en ik wil hem uitlachen – en toch ook niet.

In het trappenhuis bladdert de verf van de muren en ruikt het naar zeewier. Op de eerste verdieping hoor ik mensen schreeuwen en op de tweede etage bonkt muziek.

'Hij slaapt vast nog,' fluister ik als we voor de mintgroene deur staan. 'Hij is dus ernstig gewond. Ik weet niet wat er gebeurd is, maar hij heeft nog maar negen vingers.'

'Wat megazielig!' Abby kijkt erbij alsof ze net gehoord heeft dat ze morgen jarig is. 'Hoe oud is die Jim eigenlijk?'

'Zeventien.'

'Seth is vijftien,' zegt Abby enthousiast. Ze kijkt naar haar broer. 'Mama vindt toch altijd dat je te weinig vrienden hebt? Misschien kun je vrienden met Jim worden!'

Seth kijkt haar kwaad aan, maar zegt niks.

Voorzichtig doe ik de deur open. Een walm van slaapadem slaat in mijn gezicht.

Jim is wakker. Hij zit rechtop in bed en naast hem ligt mijn koffer.

De koffer is open.

En rondom Jim, op de smerige matras en het poepbruine zeil, liggen al mijn kleren kriskras door elkaar. Mijn lichtroze beha rust op een pluk blonde haren. Mijn wonderschone slaapzak is overdekt met stofslierten. Drie onderbroeken liggen naast beschimmelde korsten in een pizzadoos en mijn lievelingsvest hangt half over Jims harige been en half over een bobbel in het Koekiemonster.

Ik voel kortsluiting in mijn hoofd.

'Zo,' zegt Jim. 'Dus je bent toch maar teruggekomen? Ik werd wakker en ik snapte er geen fuck van. Je was ervandoor met mijn sleutels en alleen die klotekoffer stond er nog.'

Het is alsof ik door een microscoop kijk. Haarscherp zie ik mijn kleren op de grond liggen. En verder is het donker.

'Zullen we alles weer terug stoppen?' hoor ik Abby vragen. 'Ik help wel.'

En dan begin ik tegen ze te schreeuwen. Buiten adem en totaal hysterisch. Ik hoor zelf hoe ik klink, en toch kan ik er niks tegen doen.

Ik heb het een keer met mijn laptop gehad. Ik opende een nieuw scherm en zonder dat ik verder iets deed, begon mijn computer zelf ook schermen te openen. Tientallen, honderden schermen die sneller verschenen dan ik ze kon wegklikken. Totdat mijn hele laptop vastgelopen was en mijn vader ermee naar de winkel moest.

Jim, Seth en Abby staren me verbijsterd aan, maar niemand neemt me mee terug naar de winkel. Mijn vingers tintelen en het zweet staat op mijn voorhoofd. Ik weet dat het mis is en ben bang voor wat er gaat komen. Voor hoe ik me straks zal voelen. En wat ik dan zal denken. Over een paar minuten zal ik zeker weten dat ik doodga.

Dat *doodgaan* bedoel ik niet bij wijze van spreken. Niet in de zin van: 'Ik heb zo hard gefietst, ik ga echt dood.'

Ik bedoel het letterlijk. Ik zal denken dat ik doodga.

'Wat is er met haar?' hoor ik Abby in de verte vragen.

'Ze draait door.' Jim klinkt kalm. 'Dat zie je toch?'

Ik heb pijn op mijn borst. Mijn longen happen naar adem.

Dit is het einde.

'We moeten iets doen,' roept Abby. 'Het gaat echt niet goed met haar.'

Het wordt zwart voor mijn ogen.

'Jezus,' zegt Jim. 'Ik ga een ambulance bellen.'

Ik zal mijn ouders nooit meer zien. Ik weet het zeker. Ik ga dood.

En dan, in het midden van al dat zwart, voel ik een rustige arm om mijn schouders.

'Kom zitten.' De stem van Seth klinkt heel ver weg.

Ik wil niet, want ik ben aan het doodgaan en er liggen haren en kruimels en dode vliegen op de grond. Maar hij trekt me toch naar beneden. In het donker voel ik zijn hand op mijn rug.

En dan begint hij tegen me te praten. Mijn longen doen pijn en mijn keel brandt en mijn mond is droog en alles in mijn lichaam bonkt en raast en raspt en ik weet zeker dat het kapot zal gaan. Dat ik kapot zal gaan.

En toch kan ik hem horen.

'Je bent in paniek,' zegt hij toonloos. 'Maar dat gaat weer over. Je komt bij ons logeren, weet je nog? Mijn moeders bed is niet gemaakt van dinosaurushaar. En we hebben meubels, zoals normale mensen. Een tafel met stoelen, drie boekenkasten en een bank...'

Ik hoor alleen nog maar mijn eigen ademhaling. En zijn stem.

'We hebben ook een wasmachine. Je mag straks al je kleren bij ons wassen. En we kunnen ontbijt voor je maken. Hou je van bagels met roerei?'

Ik kan geen antwoord geven. Maar ik wil dat hij doorgaat met praten. En dat hij naast me blijft zitten. Zodat er tenminste iemand bij me is als ik breek. Ik wil niet doodgaan zonder dat iemand het merkt.

'*Slowly*...' zegt hij. 'Je hebt meer dan genoeg lucht.'

Ik maak een kommetje van mijn handen en houd ze voor mijn mond.

'Goed zo,' zegt hij, en zijn stem is nog steeds toonloos en kalm. Alsof hij praat tegen een buitenaards wezen dat net geland is. 'Zie je wel? Zo gaat het beter...'

Langzaam komen mijn longen tot bedaren. Mijn hart klopt niet meer alsof het achtervolgd wordt. De kortsluiting is voorbij.

Ik houd mijn ogen neergeslagen. Ik kan de anderen weer zien, maar ik wil het niet. Ik veeg over mijn wangen. Dan sta ik wankelend op en begin ik mijn kleren bij elkaar te zoeken. Ik wil hier zo snel mogelijk weg.

13

Ik zit in een zilveren metro en raas dwars onder wolkenkrabbers en parken door. Mijn lange rij stoelen staart recht naar de rij mensen aan de overkant van het gangpad, dus ik kijk naar de vloer.

De werkelijkheid bestaat weer uit meer dan een hoopje kleren op de grond. De microscoop is verdwenen. Ik zie alles weer en nu schaam ik me kapot. Dat doe ik altijd. Want ik ben niet gek. Ik weet hoe ik overkom op anderen. Ik begrijp waarom Jim zei dat ik doordraaide.

Dat wil trouwens niet zeggen dat ik *Jim* begrijp. Hoe haalt die idioot het in zijn hoofd om zomaar mijn koffer open te maken? Het kan me geen klap schelen dat hij eruitziet als de zoon van Brad Pitt. Hij moet gewoon niet met zijn negen smerige vingers aan de spullen van andere mensen komen.

Ik heb nog geen dank je wel gezegd tegen Seth.

Toen we het vuilwitte huis uit liepen, voelde ik dat hij zoiets van me verwachtte. Maar ik kon het niet. Ik kon alleen maar doen alsof er niks gebeurd was. En toen bleek Seth dat ook te kunnen.

Ik mocht zo lang douchen als ik wilde, maar na drieëntwintig minuten werd eten belangrijker dan schoon worden. De bagels met roerei die Seth voor me maakte waren fantastisch, maar zelfs daar bedankte ik hem niet voor. Want dan zou het voelen alsof ik hem ook bedankte voor dat andere.

'En nu ga ik je een rondleiding door New York geven,' riep Abby op het moment dat ik mijn laatste hap doorslikte.

Maar Seth schudde zijn hoofd en zei dat ze huisarrest had. Om de ketting en het hangslot en het weggegooide sleuteltje.

'Maar we kunnen Emilia toch niet alleen door de stad laten zwerven?' vroeg Abby verontwaardigd. 'Straks gaat ze weer bijna dood!'

'Dat zal wel meevallen,' zei Seth. 'En als het toch misgaat, dan is er echt wel iemand die weet wat hij moet doen.'

'Hoe wist jij dat eigenlijk?' vroeg Abby.

'Door een hysterisch meisje in mijn klas,' zei hij kortaf. 'Die moet ongeveer elke dag gereanimeerd worden.'

Tijdens dit gesprek stond ik levensgroot maar kennelijk onzichtbaar naast hen in de groen met witte keuken.

En al die tijd bij hen thuis – terwijl Seth een schone handdoek voor me pakte en roerei maakte en liet zien hoe de wasmachine werkte – keek hij me niet één keer aan. En zijn vieze hand kwam geen seconde meer in de buurt van mijn rug.

Ik stap uit bij de halte 77th Street en als ik boven de grond kom, lijkt het alsof ik in een andere stad sta. Opgewonden kijk ik om me heen. Hier aan de Upper East Side wonen de multimiljonairs. Dat zie je aan de gebouwen met groene baldakijnen en portiers in uniform, aan de spiegelende auto's en aan de vrouwen zonder rimpels. Een *dog walker* komt langs met zeven verschillende soorten honden aan zeven kruisende lijnen en overal duwen donkere kindermeisjes wagens met melkwitte baby's voorbij.

Ik kijk naar de gezichten van die kindermeisjes. Ik luister naar hun accenten. En terwijl ik doorsteek naar Central Park, denk ik aan twee jaar geleden.

Toen ik op een zonnige dag in september uit school kwam, lag mijn moeder uitgestrekt op de grond tussen de kwasten en terpentine in haar atelier. Ze wist niet meer hoe ze moest schilderen, zei ze. Ze zag het niet meer. Haar hoofd was leeg.

Ik wist meteen dat het mijn schuld was. En die van mijn

vader. Hij was net directeur geworden en ik zat pas drie weken in de eerste. We hadden het te druk gehad met onze eigen dingen. En dat was de afspraak niet.

Het is gek. Ik was er niet bij toen de afspraak gemaakt werd. Niemand heeft mij erover verteld – maar ik heb altijd geweten hoe ons leven in elkaar zit. Voor mijn moeder komen haar schilderijen op de eerste plaats. En voor mijn vader en mij komt zij op de eerste plaats.

Een maand lang strompelden we door met z'n drieën. Mijn moeder lag op de grond van haar atelier. Mijn vader kreeg migraine en moest vergadering na vergadering afzeggen. Ik spijbelde om halverwege de schooldag thuis te gaan douchen.

En toen vonden we Käthe op internet. Ze woonde in Duitsland en wilde voordat ze kunstgeschiedenis ging studeren een jaar naar Nederland. Ik was twaalf en vond mezelf te volwassen voor een kindermeisje, maar Käthe kwam niet alleen voor mij. Ze kwam voor ons allemaal en ze zorgde ervoor dat ons leven niet uit elkaar viel. Ze leerde me op twee vingers fluiten en apfelstrudel maken, ze legde uit hoe je moet zoenen en draaide Duitse rockmuziek.

En ze zorgde ervoor dat mijn moeder weer opstond.

The Metropolitan Museum of Art ligt te blinken aan de rand van het park. Het grootste museum ter wereld ziet eruit als een tempel. Het is wit en kolossaal, met zuilen en brede trappen vol toeristen. Ik loop voorzichtig tussen de mensen door en luister ingespannen. Voordat ik de tempel binnen mag, is er nog één ding dat ik moet doen.

Bij een luidruchtige Duitse familie houd ik stil. Ik ga op een meter afstand zitten en haal mijn telefoon tevoorschijn. Mijn handen trillen meteen weer. Ik zou op dit moment nog liever aan een ijsje likken waar Jim al aan gelikt heeft. Maar als ik mijn vader nu niet bel, dan schakelt hij de politie in.

Hij neemt bijna meteen op. 'Emilia!'

Ik houd mijn mobieltje zo dat hij de Duitsers hoort praten op de achtergrond.

'Hoe gaat het met je?' Hij klinkt nerveus. 'Ging de treinreis goed? Kwam Käthe je ophalen van het station?'

'*Es geht prima*,' zeg ik. '*Tipp-topp. Vortrefflich.*'

Het doet pijn om hem te haten. Maar het gaat vanzelf.

'We moeten praten,' zegt hij. 'Je wilt er niks over horen, maar ik moet je uitleggen wat er allemaal gebeurd is. Dat is absoluut noodzakelijk.'

'*Das ist absolut notwendig*,' vertaal ik vlug. Ik wil niet nadenken.

'Doe even normaal,' roept hij boos.

'Ja, jezus!' roep ik terug. Een paar toeristen kijken naar me. 'Waarom zou ik nog luisteren? Twitter en Facebook kotsen al een week over ons heen. Echt, ik heb meer dan genoeg gehoord.'

'Maar dat is niet het echte verhaal – dat begrijp je toch wel? Dat zijn leugens! Je moet míjn verhaal horen.'

'Nee, dank je.'

'Emilia, je bent veertien! Je kunt niet zomaar verdwijnen naar het buitenland. We maken ons zorgen. En we missen je.'

Die moerasbewoner snapt het nog steeds niet. Hij denkt dat hij nog steeds de liefhebbende vader kan spelen.

'Vervelend hoor,' zeg ik hard. 'Maar misschien had je je wat eerder zorgen moeten maken. Voordat je mijn leven kapotmaakte, bijvoorbeeld. Dan wenste half Nederland ons niet dood. En dan had ik gewoon op school kunnen blijven.'

Hij is drie lichtjaren stil.

'Ik heb gisteren ontslag genomen,' zegt hij dan. 'Wist je dat al?'

Dat wist ik nog niet. Ik zet er meteen een hek omheen.

'Ik moet weg,' zeg ik. 'We gaan zo eten.'

'Ik wil Käthe nog spreken!'

'Die is aan het douchen. Ik heb haar niet verteld wat jij gedaan hebt. Ik wilde ergens zijn waar niemand het weet.'

'Emilia...'

Ik druk mijn vader weg en blijf dertien minuten doodstil op de koude trap zitten. En dan ga ik de tempel binnen.

14

Het museum voelt als een oase. De vloeren zijn brandschoon en er zit geen schimmel op de muren. Het ruikt vaag naar kunst en het gebouw is zo enorm dat zelfs wanneer de halve wereld hier naar schilderijen kijkt, er altijd nog stille zalen zijn.

Ik dwaal langs middeleeuwse altaarstukken, verbleekte wandtapijten en Egyptische sfinxen. Ik had gehoopt dat ik de werkelijkheid hier even zou kunnen vergeten – maar het lukt niet.

Ik zie een beeld van een Griekse god en denk aan Jim. Ik zie een zilveren wereldbol en weet dat mijn vader die prachtig zou vinden. Elk schilderij herinnert me natuurlijk aan mijn moeder. En steeds moet ik weer denken aan wat ik tegen Abby zei: dat mannen vies zijn.

Ik ben ongeveer opgegroeid in musea, dus ik ben heel wat gewend. Maar god, wat zie je veel bloot hier. Grote mensen doen heel volwassen alsof het niet telt – het is namelijk *kunst* – maar eigenlijk hangt het hier gewoon vol met porno.

Ik word er nogal boos van.

Bijna alle kunstenaars van vroeger waren mannen. Was het nou echt nodig om zoveel blote vrouwen te schilderen? Zijn borsten werkelijk de belangrijkste uitsteeksels aan een mens?

Ik loop door de stille zalen en merk dat ik mijn vuisten bal. Stomme mannen. Domme mannen. *Ranzige, geile viezeriken.*

Sorry hoor.

Maar ik kan gewoon niet tot een andere conclusie komen. Dit is nu eenmaal de verkorte geschiedenis van de man: eerst schilderden ze musea vol met blote vrouwen. Daarna vonden ze de computer uit. En toen stopten ze internet vol met porno.

Ik staar naar het schilderij voor me.

Eerst zonder het echt te zien. Maar zodra ik het zie, draai ik me met een ruk om en loop ik weg. De zaal uit. En nog een zaal door. Maar ik blijf haar voor me zien. Een jonge vrouw in pastelkleuren, die over haar schouder kijkt terwijl ze in bad stapt. Haar blonde haren golven op haar blote rug en je ziet net één perfecte borst.

De borst kan ik niet beoordelen. Maar haar lach is precies de lach van Juno.

De hal met Amerikaanse kunst laat me eindelijk alles een paar minuten lang vergeten. De witte ruimte heeft een drie verdiepingen hoge wand van ramen, en al die ramen kijken uit op de herfstkleuren van Central Park. Buiten is de zon heel even doorgebroken. Het geel en rood en oranje van de bomen gloeit zoals verf dat nooit kan doen. De witte hal fonkelt.

Ik ben misselijk, dus ik koop een flesje cola light in het museumcafé. De toeristen aan de tafeltjes om me heen bestuderen de plattegrond van het immense museum en zuchten diep. Ik drink mijn cola en probeer er niet aan te denken dat mijn vader geen baan meer heeft.

Aan het tafeltje naast me zitten twee Amerikaanse vrouwen die duidelijk niet uit New York komen. Ze hebben een slepend zuidelijk accent en per persoon het formaat van drie breedbeeldtelevisies op elkaar.

'Gelukkig hebben we niet dat hotel downtown genomen,' zegt de hoogblonde vrouw luid. 'Waar wij zitten gaat het echt niet overstromen.'

'Zou de metro wel blijven rijden?' vraagt de vrouw met rood haar. 'Heb je dat al gehoord?'

De blonde schudt haar hoofd en zucht dramatisch. 'Dit geloof je toch niet? Gaan we één keer naar New York, komt er hier een orkaan.'

Mijn glas met cola blijft steken in de lucht.

Ik kijk de blonde vrouw recht aan. 'Een orkaan?'

'Weet je dat nog niet?' vraagt ze verbaasd. 'Ze hebben het op televisie nergens anders over.'

De roodharige knikt. 'Orkaan Sandy komt eraan, *darling*. Half Jamaica zit nu zonder stroom, in Haïti zijn minstens vijftig doden door overstromingen en gisteren zorgde Sandy op de Bahamas voor verwoestingen.'

'En overmorgen is ze in New York,' zegt de blonde. Ze staat op en pakt haar dienblad van tafel. '*Good luck, honey*. Zorg dat je genoeg eten in huis hebt!'

Ik blijf doodstil zitten aan mijn tafeltje. Ik raak niet in paniek, want ik geloof er gewoon niks van. Tien volle seizoenen van *Friends* heb ik bekeken toen ik vorig jaar wekenlang ziek was. En in al die oude afleveringen was er nooit, maar dan ook nooit, een orkaan in New York.

Rustig pak ik mijn telefoon erbij. Het museum heeft gratis internet.

Ik google *hurricane sandy*.

Ik lees een paar artikelen.

En dan begin ik te giechelen. Ik kan niet meer stoppen. Bestaat er zoiets als de slappe giechel? Zo ja, dan heb ik nu de slappe giechel. Want orkaan Sandy bestaat. En ze komt eraan. Haar route is nog niet zeker. Het is mogelijk dat ze maandag lángs New York raast, en niet erdoorheen.

Maar het is dus waar. Honderdduizend steden bestaan er op de wereld. En ik koos ervoor om te vluchten naar de stad die over twee dagen getroffen wordt door een orkaan.

De slappe giechel gaat natuurlijk veel te snel weer over, en dan kan ik niet langer blijven zitten in het museum. Er is geen tijd meer om de werkelijkheid buiten de deur te houden. Ik moet naar Seth en Abby toe. We moeten ons voorbereiden op een orkaan.

15

'Kom naar het paard midden op Union Square. We eten vanavond de beste burritos in town!!!'

De sms van Abby komt binnen terwijl ik van het museum naar de metro loop. Ik pak meteen de plattegrond erbij. Als ik straks drie haltes eerder uitstap, dan ben ik precies bij Union Square.

Op vakanties heeft mijn vader altijd de alleenheerschappij over de kaart: als een blinde kip trippel ik elke zomer achter hem aan. Maar nu blijkt opeens dat ik het ook zelf kan. Ik kan van de ene plaats naar de andere komen. Ik kan in mijn eentje een stad leren kennen.

Union Square is een eiland met bomen en bankjes in een zee van verkeer. *Het paard* blijkt een standbeeld van president Washington te zijn – op een paard, dat wel. Ik ga ernaast staan en pak vlug mijn mobiel om me een houding te geven. Met mijn telefoon in mijn hand durf ik om me heen te kijken.

Al snel zie ik ze aankomen: Abby op haar roze regenlaarzen, Seth met een gestreepte muts op zijn hoofd. Ze hebben allebei intense, bruine ogen en hun gezichten zijn vastberaden. Het enige verschil is dat Abby kijkt alsof ze de wereld gaat redden en Seth alsof hij van plan is om een jarenlange gevangenschap moedig te doorstaan.

'Dit gaan jullie niet geloven,' roep ik. 'Er komt een orkaan aan!'

'Dat weten we allang,' roept Abby terug.

Ik staar ze aan. 'Echt? En dat vertellen jullie dan niet even?'

Seth haalt zijn schouders op. 'Het zal wel meevallen. Er zijn hier honderd televisiekanalen, dus ze moeten alles overdrijven om genoeg nieuws te hebben. Vorig jaar hadden we ook een orkaan. Heel New York had zich voorbereid op een ramp en toen gebeurde er bijna niks. Iedereen was teleurgesteld.' Hij zucht. 'Kom op, laten we gaan.'

Ik snap niet waarom hij zo diep moet zuchten en moet kijken alsof hij in een kooi zit. Hij loopt hier met zijn zusje en een meisje dat hij gisteren nog *knap* noemde. Zo erg is het toch niet om op zaterdagavond een burrito te gaan eten?

Even later kan ik zelf het antwoord geven op die vraag.

Als je niet veel geld hebt, maar wel veel honger en zin in iets echt Amerikaans – want dat is Mexicaans eten toevallig – dan kun je op een bewolkte zaterdagavond werkelijk niets beters doen dan een burrito eten bij Dos Toros op Fourth Avenue.

Echt. Als ik negentig ben en in het bejaardenhuis zit, dan herinner ik me die maaltijd nog steeds.

Het is warm in het smalle restaurantje. Je moet zelf je eten halen; er staat een lange rij hippe studenten te wachten. De inrichting is extreem simpel. Houten banken, houten tafels. Geen kunst aan de muur, alleen een verhaal over twee broers die naar New York kwamen en nergens een goede burrito konden vinden. Daarom gingen ze zelf maar aan de slag.

Ik weet niet of het komt door de taal of de stad of mijn jetlag. In Nederland vind ik verhaaltjes van restaurants over duurzaamheid en lokale producten en persoonlijke grapjes irritant en vooral heel erg nep. Maar hier werkt het. Ik gelóóf dat die twee broers er alles aan doen om mij de beste burrito te bezorgen.

En wanneer ik eindelijk mijn tanden zet in een warm pakket vol zwarte bonen, salsa, zure room, geraspte kaas, guacamole en intens sappige, malse gegrilde steak, dan weet ik dat het waar is.

'O mijn god,' zeg ik met volle mond. 'Dit is de beste burrito van de wereld. Serieus. Die steak is zo ontzettend mals. En die guacamole dan!'

Voor het eerst zie ik Seth breed lachen. Er zit salsa op zijn kin, maar dat kan ik aan op dit moment.

'We komen hier minstens één keer per week,' zegt hij. 'Langer kunnen we niet zonder.'

Ik kijk naar Abby, die zure room van haar vingers likt. Naar haar broer die weer een hap neemt. En ik ben zo jaloers dat het bijna pijn doet. Ik wil hier ook elke week komen eten.

Ik wil hier niet eventjes op de vlucht zijn. Ik wil hier wonen.

Als we weer thuis zijn, doe ik meteen een nieuwe was in de machine. Ik ben uitgeput en wil zo snel mogelijk gaan slapen, maar ik blijf staan als ik zie hoe teleurgesteld Abby kijkt.

'Wat is er?' vraag ik.

Ze draait de punt van haar vlecht om haar vinger en geeft geen antwoord.

'Pas maar op!' Seth zit met zijn laptop op de bank. 'Ze was vanmiddag in de vriezer aan het rommelen. Ik ben bang dat ze in films heeft gezien dat meisjes die alleen thuis zijn *meisjesdingen* moeten doen. Zoals nagels lakken. En huilend ijs eten.'

'Niet huilend!' zegt Abby. 'Gewoon voor de televisie. Dat leek me leuk. Ik bedoel...' Ze kijkt me verlegen aan. 'We hebben *cookie dough*-ijs. En dan kunnen we onze pyjama's al aantrekken...'

'Bewaar me,' roept Seth vanaf de bank.

'Sorry hoor!' Abby kijkt boos naar haar broer. 'Ik zou ook liever een jongen zijn. Maar ik ben nu eenmaal een meisje. En ik heb geen zusje. En mama werkt altijd.'

'Onze moeder moet toevallig geld verdienen om drie mensen in leven te houden.'

'Dat weet ik toch!' Ze zucht. 'Dat weet ik echt wel, hoor. Ik ben geen baby.' Ze loopt weg. 'Laat maar. Het hoeft al niet meer.'

Ik kijk naar de grond. En dan ga ik achter haar aan.

Een kwartier later zitten we samen naar *The Simpsons* te kijken. Abby wilde samen uit één gigantische ijsbak eten, maar dat heb ik met enige moeite kunnen voorkomen.

'Je vindt me vies,' zei ze moedeloos. Haar wimpers waren nog nat van de tranen.

'Niet waar!' riep ik.

'Wel waar. Je wilt niet dat mijn lepel aan jouw ijs komt.'

Ik zuchtte. 'Het spijt me. Het ligt niet aan jou. Ik bedoel... Wist je dat er meer bacteriën in je mond leven dan er mensen op aarde zijn? Dat betekent dat je meer dan zeven miljard bacteriën in je mond hebt!'

'Echt?' Ze keek weer wat vrolijker. 'Dat ga ik aan mijn vriendinnen vertellen.' Ze pakte twee schaaltjes uit de kast. 'Dus je zou ook niet met je moeder uit één bak eten? Of met je vader?'

'Met niemand. Dat zweer ik.'

Toen we daarna op de bank gingen zitten, aarzelde Abby.

'Mag mijn pyjama tegen jouw pyjama komen? Of leven er op pyjama's ook heel veel bacteriën?'

Ik vroeg niet wanneer haar pyjama voor het laatst gewassen was. Ik zei gewoon dat het mocht.

En nu zit ze dus belachelijk dicht tegen me aan haar ijs te verorberen. Ik zie dat Seth stiekem ook meekijkt naar *The Simpsons*.

'Ik speel dat je mijn zusje bent,' fluistert Abby tegen me.

Ik vertel haar niet dat ik hetzelfde doe.

16

Zes uur 's ochtends.

Buiten is het donker en de stad is eindelijk stil, maar ik ben klaarwakker. Ik zit achter de computer in de koude woonkamer van Seth en Abby en hun onbekende moeder. Mijn ogen vliegen over het scherm. Mijn vinger klikt als een bezetene. O mijn god, fluister ik heel zacht. *O mijn god!*

Tientallen, honderden pagina's staan vol met nieuws over orkaan Sandy. Morgenavond of morgennacht zal ze over de stad razen. *Mayor* Bloomberg, de burgemeester van New York, raadt ons aan om eten in te slaan. En flessen met water. En kaarsen en lucifers en een zaklamp.

Weersites leggen uit dat Sandy de ergste storm ooit kan worden. De orkaan die vanuit het zuiden naar ons onderweg is, zal boven ons hoofd botsen op ijskoude lucht uit het noorden en een winterse storm uit het westen. En dan is het morgen ook nog eens volle maan. Daardoor is de vloed extra hoog en is de kans nóg groter dat de stad onder water gaat lopen.

Ik ril. De lamp naast de computer werpt een lichtcirkel op het toetsenbord, maar de rest van de kamer is vol schaduwen. Als de houten vloer achter me kraakt, schrik ik me een ongeluk. Ik draai me om en zie Seth midden in de kamer staan. Zijn haar staat overeind en hij heeft geen T-shirt aan.

'Jetlag?' vraagt hij met een stem die pas net wakker is.

Ik knik. Hij pakt zijn capuchontrui van de bank, loopt naar de open keuken en doet het koffiezetapparaat aan. Zwijgend buigt hij zich over een krant die op het aanrecht ligt. Ik sla de kamerjas van zijn moeder wat verder over mijn blote benen en voel opeens weer hoe wonderlijk het is dat ik hier ben.

'Heb je dit gezien?' vraag ik. Hij kijkt niet, maar ik wijs toch op het computerscherm. 'Ze gaan vanavond al de hele metro stilleggen. Voor de zekerheid. En overal in de stad komen opvangcentra voor mensen die moeten evacueren.'

Hij geeft geen antwoord, dus ik ga door.

'Half New York kan onder water lopen. En de stroom kan uitvallen!'

Eindelijk kijkt hij op. 'Er kunnen ook met een kwartier tussentijd twee vliegtuigen in twee wolkenkrabbers vliegen. Maar meestal gebeurt dat niet.'

Het is alsof iemand dubbelklikt op een bestand in mijn hersens.

Ik zie meteen de beelden voor me. Ze zouden uit een film moeten komen, maar ze zijn echt. Een strakblauwe lucht, twee zonnige witte torens. Een vliegtuig dat recht in de eerste toren knalt. Een bal van vuur en zwarte rook, een vliegtuigvormig gat in het gebouw. En dan gaat alles op *repeat*: nóg een vliegtuig. Nog een explosie. Nog duizend doden.

'Was je hier?' vraag ik. 'Woonde je al in New York op 11 september 2001?'

Hij knikt. En dan zucht hij. 'Jij ook koffie?'

Nog nooit heeft iemand me gevraagd of ik iets wil drinken op een toon die schreeuwt: *ik wil niet dat je in mijn huis bent. Als er geen orkaan aankwam, dan stond jij nu op straat.*

'*Yes, please*,' zeg ik beleefd. Ik hou nog steeds niet van koffie, maar dat doet er niet toe. 'Dus?' vraag ik. 'Herinner jij je de aanslagen nog?'

'Ik weet nog hoe het rook.' Hij geeft me een beker inktzwart vocht en gaat naast zijn laptop op de bank zitten. En dan schudt hij opeens vastberaden zijn hoofd. 'Weet je, ik heb hier geen zin in. Ik heb er genoeg van om te doen alsof er niks aan de hand is.'

Ik blijf doodstil zitten.

'Zie je zelf niet hoe raar dit allemaal is? Je verschijnt uit het niets. Eerst lig je een nacht bij die Jim in bed. Daarna raak je in paniek en moet je opeens al je kleren bij ons komen wassen. Je schrikt van elk geluid en kijkt alsof alle hoop verloren is – behalve wanneer we burritos eten, dan zijn we een half uur lang beste vrienden. Maar wat er ook gebeurt, wij mogen niks vragen. Toen Abby het gisteren probeerde, bevroor je compleet.'

Ik voel het. Dat wat hij *bevriezen* noemt.

'Sorry,' zeg ik stijf.

Hij strijkt door zijn donkere haar. 'Het is jammer dat ik niet aardig ben, zoals Abby. Maar ik had plannen dit weekend. De website waar ik aan werk moet morgen klaar zijn. Maar eerst spreekt mijn zusje af met een *psycho* van internet, daarna moeten we tante Leah gaan kalmeren en blijven we bij haar logeren, en dan kom jij nog eens aanzetten...'

Ik geef geen antwoord en na een tijd haalt hij zijn schouders op. 'Laat ook maar. Het doet er niet toe.' Hij pakt zijn laptop en klapt hem open.

Ik weet precies wat hij nu doet. Ik geef mensen altijd gelijk als ze het opgeven. Wanneer ze *mij* opgeven. Maar leuk is anders.

Zwijgend kijk ik naar mijn handen. Naar de witte, gebarsten huid. Naar de kloofjes in mijn vingers en de vellen rond mijn nagels.

'Oké,' zeg ik. 'Wat wil je weten?'

Hij kijkt meteen op.

'Heel simpel.' Zijn ogen zijn even zwart als de koffie. 'Wat doe je hier?'

'Ik kom New York bekijken.'

'Maar waarom ben je hier alleen? Waar zijn je ouders?'

'Mijn ouders zijn in Nederland.'

'Weten ze dat je hier bent?'

'Nee.'

Het duurt even voordat hij weer iets zegt.

'Ben je weggelopen?' vraagt hij dan. Hij ziet me knikken. 'Waarom?'

'Wil je dat echt weten?'

'Ja,' zegt hij, en opeens is hij weer de jongen die naast me zat in het donker. De jongen die ervoor zorgde dat ik niet stikte. 'Ik wil het echt weten.'

Ik voel iets tegenspartelen in mijn buik. Het doet pijn, maar ik wil er niet langer op letten.

Ik sta op de hoge duikplank. En ik ga springen.

17

'Oké,' zeg ik. Ik kijk hem niet aan. En dan spring ik. 'Mijn totaal gestoorde vader is toevallig niet alleen mijn vader, maar ook de directeur van mijn middelbare school.' Ik stop weer.

Hij *was* de directeur, dat vergeet ik steeds. Nu is hij niks meer.

'Mijn school heeft duizend leerlingen en het is echt niet zo dat ik iedereen ken. Maar één meisje uit de vijfde ken ik wel. Iedereen kent haar. God weet waarom, want ze is echt niet zo grappig of aardig. Maar ze is populair, en dat is ze altijd al geweest. Denk aan een *high school*-film en stel je voor hoe de knapste cheerleader eruitziet. Dat is Juno.'

Seth knikt. 'Ik heb nu al een hekel aan haar.'

Buiten zwijgt New York terwijl de aarde langzaam naar het oosten draait. Orkaan Sandy raast op dit moment boven de Atlantische Oceaan. De stad wacht.

Ik schraap mijn keel. 'Juno's moeder – en dat is dus *by the way* een vrouw die het een goed idee vond om haar dochter te vernoemen naar de beschermgodin van het huwelijk... Die moeder heeft dinsdag zevenenzestig sms'jes ontdekt in Juno's telefoon. Die sms'jes waren niet geschreven door vriendinnen of tantes of vakantievriendjes, maar door *mijn vader*.'

'Jezus.'

Ik knik. 'Mijn vader de schooldirecteur heeft zevenenzestig berichten gestuurd aan een meisje van zeventien. Hij begon ermee in april en stuurde het laatste afgelopen maandag.'

'Wat schreef hij al die maanden aan haar?'

'Wil je dat weten?'

Seth knikt.

'Ik dus niet.' Mijn handen trillen. Ik maak een vuist van mijn linkerhand, maar ik kan de snee niet meer voelen. 'Het waren trouwens niet alleen berichten. Ze spraken ook met elkaar af. In een café. Zie je het voor je? Mijn vijftigjarige vader in zijn slobbertrui en ribfluwelen broek. En daar dan Juno naast. Hij zegt dat hij haar wiskundebijles gaf. Differentiëren, integreren, eh...' *Aftrekken*, dat is de grap die iedereen nu maakt. 'Nou ja, hij zegt dus dat het bijles was. Maar Juno zegt iets anders.'

'En wie geloof jij?'

'Waarom zou Juno in godsnaam liegen? Je gaat toch niet verzinnen dat je rotzooide met een nerd van vijftig? Dat is toch geen leuke fantasie?' Ik schud mijn hoofd. 'Echt. Ik hoef mijn vader niet te horen over *zijn kant van het verhaal*. Ik word er kotsmisselijk van. Je zou voor de grap eens moeten horen hoe hij haar naam uitspreekt. *Juno*... Zó ranzig.'

In mijn hoofd liggen de hekken voor één keer plat op de grond. Ik kijk uit over de vlakte en voel me ziek.

Veertien jaar lang dacht ik dat we een gezin waren. En nu weet ik dat mijn vader het al die tijd *speelde*. Het idee dat hij minutenlang – misschien wel urenlang – met zijn telefoon in zijn hand zat om te bedenken wat hij zou sms'en. Het idee dat hij al die maanden naar haar heeft gekeken. Het idee dat we thuis aan de keukentafel zaten te eten en dat hij dan aan haar dacht. Het maakt me gek.

En dan is er nog iets.

Mijn moeder heeft de afgelopen week één keer met me gepraat. Echt gepraat, bedoel ik. En toen zei ze tegen me dat ik het niet zo zwaar moest opnemen. Dat mannen soms even vergeten wat verstandig is – dat die dingen nou eenmaal zo gaan.

Daar klopt toch helemaal niks van? Mijn moeder zou nog

veel ziedender moeten zijn dan ik. Ze zou moeten krijsen en huilen en wanhopen en dreigen dat ze mijn vader gaat verlaten.

Waarom doet ze dat niet?

'Wat gebeurde er toen?' vraagt Seth.

'De hel brak los.' Ik haal mijn schouders op. 'Ik zit op dezelfde school en iedereen weet dat ik zijn dochter ben. En Juno kon haar mond niet houden. Maandenlang dus wel, maar zodra haar moeder de sms'jes had ontdekt, vertelde Juno het aan haar beste vriendin. Binnen een paar uur wist de hele school het. En binnen een dag wist heel Nederland het.'

'*I'm so sorry for you.*'

Hij wil me troosten, maar ik ben nog niet klaar. Ik ben van de duikplank gesprongen, maar ik heb het water nog niet geraakt.

'Je wilde het toch weten?' vraag ik. 'Waarom ik ben gevlucht?'

Hij knikt.

'Nou, dit is pas de helft.'

De andere helft zou makkelijker moeten zijn om te vertellen. En toch deins ik terug.

'Deed je vader nog meer?'

'Nee.' Ik pak de pen die naast het toetsenbord ligt en begin te krassen op een gele post-it. 'De rest deden andere mensen. Op internet. Ze hoorden over mijn vader en opeens hadden ze allemaal een mening. Ze vonden hem een ranzige klootzak. Nou, daar ben ik het mee eens. Maar ze gingen door. Ze zeggen nu dat hij een verkrachter is. Een *pedofiel*. En ze roepen dat hij naar de gevangenis moet.'

Ik neem een slok van de veel te sterke koffie en begin te hoesten. Seth wacht tot ik weer kan ademen.

'Je gelooft niet hoe weerzinwekkend mensen kunnen zijn op internet. Hoe wreed ze worden. Met het uur kwamen er meer bedreigingen. Sommige scheldwoorden kénde ik niet eens. Echt. Ik wist niet dat er mensen bestaan die thuis achter hun computer bedenken hoeveel manieren er zijn om iemand dood te maken.'

Seth kijkt naar de laptop op zijn schoot en zwijgt.

'Ze zeiden dat ze naar ons huis zouden komen. Ze schreven wat ze van mijn moeder vonden. En wat ze met mij wilden doen. Ze waren er duidelijk over. Als ons huis in vlammen opging en wij zouden levend verbranden, dan was de wereld er daarna beter aan toe.'

Ik probeer steeds te onthouden dat het alleen maar woorden zijn. Tot nu toe hebben die mensen niks gedaan. Niet in het echt. Ons huis is niet in brand gestoken. Mijn vader is niet opgehangen. Maar die woorden *betekenen* iets. Echte, levende mensen schrijven dat ze het niet erg zouden vinden als ik verbrand.

'Hebben jullie aangifte gedaan?'

'Ja. De politie zou ernaar kijken. Dat zeiden ze in elk geval.' Ik zet een laatste kras. De post-it is nu zwart. 'Juno's moeder heeft trouwens ook aangifte gedaan. Tegen mijn vader.'

Ik leg de pen neer en kijk hem aan. 'Ik moest daar weg. Ik kon niet anders.'

Hij knikt zonder iets te zeggen.

Ik blijf naar hem kijken en opeens vraag ik me af hoeveel adressen er wel niet zijn in New York. Van al die miljoenen huizen gebruikte die 'Mr Greenberg' precies het adres van Seth en Abby voor zijn oplichterij.

Hij had het niet beter kunnen uitkiezen.

18

Ik ben weer terug naar bed gegaan.

Ik wist niet meer hoe het verder moest, daar in de woonkamer. Dat we daar zaten en dat het dan buiten licht zou worden, terwijl Seth nadacht over de lege plekken in mijn verhaal.

Wat er in die zevenenzestig sms'jes stond.

Hoe ver mijn vader en Juno zijn gegaan.

Waar mijn moeder is in dit hele gedoe.

Wat die mannen van Twitter allemaal met mij wilden doen.

Ik lig in het bed van hun moeder, maar ik doe mijn ogen niet dicht. Door mijn hoofd danst een zwarte stoet *nicknames*.

brutus85

Mr_cool_cut

Appie123

BartjeG

ffdimmenu

Wat heb je nog aan woorden als ze niks meer betekenen? Waar blijf je als mensen schrijven: geen wonder dat je vader jou niet neukt want daar ben je veel te lelijk voor – en dat de politie dan zegt dat je je daar niks van moet aantrekken?

19

‘Waar wil je naartoe?’ vraagt Abby ernstig. Ze draagt een gele muts met een oranje snavel erop. ‘Trader Joe’s is het leukst, maar die zit ook het verste weg. Kmart is goedkoop en vaak een rotzooi. Bij de schattige Koreaanse supermarkt ken ik de hele Koreaanse familie. En Wholefoods is duur en aanstellerig en goddelijk lekker.’

We staan op straat met vier lege boodschappentassen. Seth vindt het onzin dat ik eten wil inslaan, maar ik heb gezegd dat ik alles zal betalen. Ik kan nu weer pinnen, dus dat is geen probleem. Hij hoeft alleen voor een leeg keukenkastje te zorgen.

‘Ik neem Abby mee,’ fluisterde ik tegen hem. ‘Dan kan jij rustig aan die website werken.’

En toen knikte hij. ‘Oké dan.’

Ons gesprek van zes uur ’s ochtends hebben we zonder overleg op het lijstje ‘dit is niet gebeurd’ gezet. Of eigenlijk op het lijstje *bijna* niet gebeurd.

Seth kijkt niet meer naar me alsof hij hoopt dat ik spoedig in zoutzuur opgelost zal worden.

En toen hij het goed vond dat ik een nieuwe pot nutella openmaakte terwijl de oude nog niet leeg was, lukte het me om ‘dank je wel’ te zeggen.

‘Kies jij maar,’ zeg ik tegen Abby. ‘Ik ken die winkels toch niet.’

Ze zwaait met de boodschappentassen, kijkt naar de egaal grijze lucht, en dan begint ze te lachen. ‘We gaan naar alle vier!’

Op weg naar de eerste winkel denk ik nog dat ik me aanstel met al onze tassen en ernstige plannen. Maar drie uur later weet ik dat half New York – en dan bedoel ik *letterlijk* half New York – vandaag voorraden inslaat omdat er een orkaan op komst is.

Nog nooit van mijn leven heb ik zulke lange rijen voor de kassa gezien. Ze kronkelen als slangen de winkels door en worden nooit korter. Sommige New Yorkers lezen een boek tijdens het wachten, anderen kijken grinnikend om zich heen. Bij Trader Joe's staat aan het einde van elke slang een jongen of meisje met een groot bord 'EINDE VAN DE RIJ'. Omdat je anders nooit zou geloven dat een rij zó lang kan zijn.

Ik ga meteen bij zo'n bord staan, terwijl Abby rondrent om eten te halen. De *hurricane checklist* die we van internet hebben gehaald, wappert in haar hand. Omdat de elektriciteit kan uitvallen, moeten we voedsel kopen dat houdbaar blijft zonder koelkast. Blikken soep, crackers, pindakaas en ook – dat staat levensgroot op de lijst – *comfort food*. Dat wil zeggen: eten waar je je fijn van gaat voelen. Troosteten.

Abby en ik waren het er meteen over eens: troosteten tijdens een orkaan, dat zit in grote zakken en kraakt tussen je tanden. En kennelijk denkt de rest van New York er ook zo over, want de planken met zoutjes en snacks zijn al bijna leeg.

Abby staart er ontzet naar. 'Dit heb ik nog nooit gezien. Straks is al het eten in de hele stad op!' Ze rent naar de laatste twee zakken popcorn en klemt ze in haar armen.

'Cola!' roep ik. 'Dat zijn we nog vergeten.'

Maar Abby schudt haar hoofd. 'Daarvoor moeten we naar Kmart. Hier zijn ze te biologisch voor cola.'

'Pardon?'

'Ze vinden cola ongezond voor ons en daarom verkopen ze het niet.'

Het is krankzinnig. Van televisie ken ik moddervette Amerikanen die met hijskranen uit hun huis getakeld moeten worden. Maar New Yorkers blijken extreem slank te zijn. Overal zie je sportscholen en yogaklasjes en hardlopers, en bij elke maaltijd staat hoeveel calorieën erin zitten.

'Kijk.' Abby pakt een bakje met donkergroene flodders. *Kale chips* staat erop. 'Als je er echt bij wil horen, dan snack je hiermee. Chips van rauwe, biologisch geteelde, gevriesdroogde boerenkool. Zeven dollar per bakje.'

'Ze zijn gek.'

'Elk jaar,' zegt ze plechtig, 'is er weer een andere groente hip in New York. Dit jaar is dat de boerenkool. Ze doen hem ook rauw door salades. En je kunt tassen kopen met een plaatje van een boerenkool erop.'

'Ze zijn écht gek.'

'Niet allemaal. Wij hebben niet genoeg geld om gek te zijn. Maar rijke New Yorkers zijn absoluut getikt.'

Onze laatste expeditie gaat dus naar Kmart. Met vier flessen dodelijke cola staan we te wachten om af te rekenen. De rij is niet lang deze keer, maar de vrouw achter de kassa beweegt trager dan ik een levend mens ooit heb zien doen. Soms zucht ze diep en laat ze haar armen een tijdje rusten naast haar reusachtige borsten. En dan gaat ze weer door in slow motion.

'Weet jij eigenlijk,' zegt Abby opeens, 'dat Seth op school al drie keer in elkaar is geslagen?'

'Nee,' zeg ik. 'Ik ken hem pas twee dagen.'

'Nou en? In twee dagen kun je heel veel vragen.' Ze trekt de snavelmuts wat verder over haar oren. 'En weet je nou al over vrijdag? Waarom Seth opeens naar mij toe racete en jou op de stoep liet staan?'

Ik schud mijn hoofd en ze kijkt me streng aan.

'Wíl je het weten, of maakt het je niks uit? Wil je eigenlijk liever naar je telefoon kijken, of op al die lijsten die je in je tas hebt? Dan houd ik mijn mond wel.'

Ik slik. 'Ik wil het graag weten.'

‘Oké dan. Nou, ik had vrijdag dus met iemand afgesproken.’ Ze kijkt me afwachtend aan.

‘Met wie?’ vraag ik braaf.

Ze begint te giechelen. ‘Met een meneer van een datingsite.’

‘Abby!’

‘Hij was niet voor mij. Ieuw, die man was veertig! Hij was voor mama.’

De rij is nu helemaal blijven steken. Er is iets met de kassa en we moeten wachten op de manager die een speciaal sleuteltje heeft.

‘Je had een date voor je moeder?’

‘Ja! Want papa is al twee jaar dood en...’ Ze stopt.

‘Je hoeft er niet over te praten,’ zeg ik vlug. ‘Als je niet wil...’

‘Duh, ik wil er wél over praten! Het is gewoon zo stom allemaal. Natuurlijk missen we hem mega. Meer dan mega. Supergigamega. Maar Seth en mama zitten in een soort *tijdcapsule*. Ze doen alsof hij vorige wéék is doodgegaan. En dat is dus niet zo.’

Ik zeg niks.

‘En Seth bouwt toch websites, als bijbaan? Nou, laatst moest hij een datingsite maken. Hij liet de voorpagina aan mij zien en toen ben ik later weer naar die site gegaan. Als meisje mocht je gratis lid worden, dus dat deed ik. Ik zette er een foto van mama bij en ze kreeg meteen al reacties. Het was supergrappig. Mannen zijn helemaal gestoord. Maar goed, één meneer mailde aardig, dus vrijdag had ik met hem afgesproken. Om te kijken of hij iets voor mama was.’

‘En?’

‘Seth kwam voordat *talldarkandhandsome72* er was. Zo gemeen! Als mama nu nooit meer een man krijgt, dan is het de schuld van Seth.’ Abby zucht. ‘Maar dat is natuurlijk precies wat hij wil.’

‘Denk je dat echt?’

Ze knikt. ‘Ze willen samen in die capsule blijven zitten. En het kan ze niet schelen dat ik er niet bij ben. Ze merken het niet eens.’

20

We komen thuis met vier loodzware tassen vol eten. Abby begint meteen uit te pakken en ik loop vlug naar de computer. Ik heb natuurlijk wel wat beters te doen, maar ik moet toch even zien wat de zielige zompelingen te melden hebben. Of mijn vader nog steeds een idioot is. En of mijn moeder al tijd heeft kunnen vinden om iets van zich te laten horen.

Ik open de mail van mijn vader, lees de eerste regels en voel kippenvel op mijn armen.

'Emilia,' roept Abby vanuit de keuken. 'Als je niet snel komt, dan ga ik de voorraadkast in mijn eentje inruimen!'

Ik staar naar het scherm. Het is te laat voor hekken in mijn hoofd.

'Ik zet de blikken chili con carne nú op hun plaats!' roept Abby opgewonden.

Ik sta op. Het is raar, maar ik kan nog maar één ding denken: dit moet ik aan Seth vertellen. Ik loop naar zijn kamer en klop op de deur.

'*Yeah?*'

Het is de eerste keer dat ik zijn kamer zie. Een hokje met twee computers, een uitpuilende gereedschapskist, een wirwar van gekleurde elektriciteitsdraden en een model van een dinosaurus. En dan boven zijn bed, totaal onverwacht, een poster van een schilderij van Picasso. Een bleke vrouw die je tegelijkertijd en profil en recht van voren ziet.

'Wat?' vraagt hij.

Hij draait zijn bureaustoel om en kijkt me aan. Ik voel me als die vrouw op de poster. Hij kijkt niet alleen naar het gezicht dat ik zelf in de spiegel zie. Na vanochtend ziet hij me ook van opzij.

'Mijn vader weet dat ik in Amerika ben!'

Ik zie dat hij even stopt met ademen. Mijn handen tintelen.

'Hij vertrouwde het niet na ons gesprek van gisteren, dus hij is gaan zoeken. Bij zijn creditcardafschriften stond levensgroot mijn ticket naar New York en nu neemt hij morgenochtend het eerste vliegtuig hiernaartoe. Hij heeft ook de politie gewaarschuwd. Ik mag geen seconde langer alleen door de stad lopen en moet me gaan melden op het politiebureau.'

Ik ben buiten adem. Deze stad was van mij. Ik was veilig hier. En nu niet meer.

'Maar je bent toch niet alleen?' vraagt Seth. 'Je hebt ons nu.'

Ik kijk naar zijn donkerbruine ogen en voel mijn hart een fractie kalmer kloppen.

'De soep heeft ook al een plaats,' roept Abby vanuit de keuken. 'Je mist alle hoogtepunten!'

'Ik kan niet terug naar Nederland,' fluister ik dringend tegen Seth. 'Niet nú al. Ze zijn nog veel te hard aan het schreeuwen op internet.'

'Dan ga je niet naar de politie,' zegt hij rustig. 'Je mailt je vader dat je hier veilig logeert bij verstandige mensen, en dan hopen we dat Sandy de rest doet. Dat hij niet kan vliegen.'

'Maar de politie dan! Hij heeft ze mijn foto gemaild. Ze gaan naar me op zoek.' Mijn vingers bewegen zenuwachtig. 'Ik moet me vermommen. Dat is de enige oplossing. Ik heb een andere jas nodig en ik moet mijn haar verven.'

Hij trekt zijn wenkbrauwen op. 'Serieus? Je wilt je haar verven omdat de politie je zoekt terwijl er een orkaan bezig is? Dat is een regelrecht Abby-plan!'

'Maar misschien werkt het.' Ik kijk hem smekend aan en na zeven seconden slaat hij zijn ogen neer.

'Een jas kun je wel van mijn moeder lenen. Maar haarverf...'

'Die gaan we kopen! Nu meteen, voordat de winkels dichtgaan.'

'We?' vraagt hij.

'Alsjeblieft? Ik durf niet meer alleen.'

En dan staat Abby naast me.

'Wat zijn jullie nou de hele tijd aan het doen?' vraagt ze verontwaardigd. 'Ik heb onze hele voorraadkast al klaar!'

'We moeten nog even naar buiten,' zegt Seth. 'Jij blijft thuis, oké? Mama belt straks op Skype.'

'Maar ik wil mee,' zegt ze meteen. 'Het is buiten megaleuk. Net alsof iedereen kerstinkopen aan het doen is, maar dan met orkaaninkopen. Mama spreek ik later wel weer.'

Seth kijkt naar mij. Ik weet niet waarom, maar ik wil niet dat Abby meegaat.

'We gaan gewoon nog wat extra pindakaas kopen,' zeg ik.

'Echt heel saai,' zegt Seth.

Abby kijkt naar de grond. 'Als jullie mij er niet bij willen hebben...' Ze ziet er verloren uit. Alsof ze wéér niet mee mag in de capsule. Ik wil al toegeven, maar dan zegt Seth opeens iets.

'Emilia en ik hebben een date. Daarom mag je niet mee.'

We kijken hem allebei stomverbaasd aan.

'Echt?' vraagt Abby. 'Heb je haar eindelijk gevraagd? En vindt ze jou niet vies?' Ze kijkt naar mij. 'Emilia, ga je met Seth op date?'

Ik snap dat het niet echt is. Natuurlijk begrijp ik dat. Dit is gewoon de enige manier op de wereld om Abby thuis te houden – dat heeft Seth slim bedacht.

En toch voelt het alsof ik voor het eerst van mijn leven mee uit ben gevraagd.

Ik knik achteloos. 'Ja, we gaan op date.'

'Maar stel nou dat hij je gaat zoenen,' roept Abby opgewonden. 'Dan komen er zeven miljard bacteriën in je mond!'

Ik ril per ongeluk.

21

'Heb jij vaak een date?' vraag ik aan Seth, terwijl we samen over Broadway lopen.

Hij blijft staan. 'Je weet dat dit geen date is, toch? Ik zei het alleen om Abby thuis te houden.'

'Alsof ik dat niet snap!' Ik steek boos mijn handen in mijn zakken en voel mijn wangen toch nog rood worden.

De lucht boven ons hoofd heeft nu de kleur van klei. Soms is er een windvlaag en dan denk ik meteen: zijn dit de eerste tentakels van Sandy?

De ouderwetse gebouwen langs dit stuk van Broadway zijn vaak wel tien verdiepingen hoog. Overal ontdek ik gietijzeren krullen en motieven in de stenen: lelies met lange stelen, uilen, pauwenveren en golvende lijnen. Natuurlijk zeg ik er niks over tegen Seth. Ik heb allang geleerd dat normale veertienjarigen niks weten over *jugendstil* en *art deco*. Het gaat niemand iets aan dat dit mijn favoriete stijlen zijn en dat New York er vol mee zit.

Voor de wand met haarverf in een reusachtige drogist blijven we staan. Er zijn minstens honderd verschillende soorten en ik heb geen idee welke ik moet kiezen. Ik heb nog niet eens bedacht welke kleur ik wil.

'Nee,' zegt Seth opeens, terwijl hij zijn ogen langs de verpakkingen laat gaan, 'ik heb nog nooit een date gehad. Waarom zou ik? Veel te veel gedoe.'

'Precies,' zeg ik vlug. 'Dat vind ik nou ook. Zonde van je tijd.'

'Weet je al welke kleur je wilt?'

Ik schud mijn hoofd. Hij kijkt naar mijn steile, lichtbruine haar en fronst zijn wenkbrauwen. 'Geen blond. Dat past niet bij je.'

'Mijn moeder heeft rood haar. Maar ik denk niet dat...'

'Donkerbruin,' zegt hij. 'Heel donker, zodat het bijna zwart is. Maar net niet.'

'Zoals jij?'

Hij strijkt door zijn stugge haar. 'Meer zoals Abby. Glanzend, bedoel ik. En eh... wuivend.'

Ik zucht. 'Ik denk niet dat mijn haar door een beetje verf opeens gaat wuiven.'

Als we de drogist weer uit komen, blijft Seth staan. Hij kijkt naar de lucht en dan naar de mensen op straat, die weggedoken in hun winterjassen voorbijlopen.

'Kom,' zegt hij. 'We nemen de metro. Ik wil je iets laten zien. Als Abby en mijn moeder beginnen met skypen, dan houden ze toch niet meer op.'

Ik aarzel. Hoe langer ik buiten ben, hoe meer kans ik loop om herkend te worden door de politie. Ik kijk naar het plastic tasje met haarverf in mijn hand en vraag me af of dit een Abby-plan is. Misschien maak ik me druk om niks. Misschien ook niet.

'Oké,' zeg ik.

In het metrostation hangen overal enorme posters over *Hurricane Sandy*. Op lichtborden wordt gewaarschuwd dat om zeven uur vanavond de allerlaatste metro's zullen vertrekken.

'Arme toeristen,' zeg ik. 'Stel je voor dat je juist deze week hebt uitgekozen om New York te komen bekijken...'

Ik zeg het, en dan pas bedenk ik dat ik eigenlijk ook bij die arme toeristen hoor.

Als we bij de halte South Ferry boven de grond komen, waait het harder dan eerst. We lopen een parkje door, stappen over een rij zandzakken heen en dan staan we aan het water. Grijs, woelig water met krijsende meeuwen erboven. Links vaart een oranje ferry en rechts...

Mijn hart voelt alsof het even ietsje groter wordt.

Daar, in de mistige verte, is de *Statue of Liberty*. Het Vrijheidsbeeld.

De reusachtige vrouw van groengrijs metaal staat op haar eigen eilandje. Ze draagt een kroon op haar hoofd en een brandende fakkel in haar rechterhand, die ze triomfantelijk in de lucht steekt. Alsof ze net een wedstrijd heeft gewonnen.

'Zij stond daar al,' zegt Seth, 'toen mijn over-overgrootouders hier aankwamen met de boot. In Rusland werden ze vervolgd, en daarom emigreerden ze naar Amerika.'

Ik voel een huivering over mijn rug lopen.

'Stel je voor,' zegt hij. 'Er waren nog geen vliegtuigen, dus je reisde per schip naar Amerika. Drie weken lang was je op zee. Drie weken zonder land in zicht, op weg naar een onbekende wereld. Films bestonden nog niet en je kon ook niet even een reisgids downloaden op je mobiel. Die mensen hadden geen idee waar ze terecht zouden komen. En dan, na drie weken op zee, voeren ze de haven van New York binnen. En dan zagen ze haar.'

Hij wijst naar het Vrijheidsbeeld. Meeuwen vliegen rakelings over het water. Mijn haar waait in mijn ogen.

'*Lady Liberty*,' zegt hij zacht. 'Al die Italianen en Polen en Ieren en Russen die ervan droomden om Amerikaan te worden, zagen haar fakkel, hoog in de lucht. Ze hadden hun dorpen en families achtergelaten. Hun hele oude leven. En dan begonnen ze hier opnieuw.'

Ik kijk naar het Vrijheidsbeeld en probeer het me voor te stellen. Niet hoe het is om weg te gaan en daarna elke dag te mailen en te sms'en en te bellen. Nee. Weggaan, en dan nooit van je leven meer iets van elkaar horen. Werkelijk opnieuw beginnen.

Seth draait zich om. Hij leunt met zijn rug tegen de reling en kijkt naar de spiegelende wolkenkrabbers die rondom Wall Street staan, naar de reusachtige bronzen adelaar ervoor en naar het rijtje witte zandzakken op de kade.

Ik weet niet hoeveel mensen New York ooit op deze manier hebben gezien. Grijs, verlaten, met een machteloos rijtje zandzakken op de voorgrond.

'Je vindt het vast onzin allemaal,' zegt hij. 'Dat hele verhaal over het land van de vrijheid. Over de Amerikaanse droom. Terwijl we overal in de wereld oorlog voeren. Terwijl er in Guantánamo Bay mensen al tien jaar vastzitten zonder proces.'

Ik schud mijn hoofd. 'Helemaal niet. Het is geen onzin.'

'Waar dacht je dan aan?' vraagt hij. 'Je keek zo...'

'Ik dacht aan al die mensen. Hoe het geweest moet zijn om hier een eeuw geleden aan te komen. Hoe New York er toen uitzag. En wat je dan moest, als je hier niemand kende en geen plaats had om te slapen...'

Ik vertel hem niet wat ik daarna dacht.

Dat dit, als het wél een eerste date was geweest, een nogal perfecte was.

22

'Moeten jullie nou even kijken,' roept Abby als we thuiskomen. 'Ik heb een leven gered!'

De woonkamer ruikt naar witte bonen in tomatensaus. De verwarming staat hoog en er klinkt zachte jazzmuziek. En op de bank, onder een gebloemde deken, ligt Jim.

Serieus. De negenvingerige filmster *is back*.

Zijn ogen schitteren en zijn wangen zijn rood. Abby's ogen schitteren ook. Ze heeft haar haren opgestoken en draagt opeens een paarse feestjurk.

'O... mijn... god,' zegt Seth langzaam. 'Je bent gek geworden.'

Abby lacht. 'Dat zeg je elke dag. Nou, dat kan dus niet. Als ik gisteren gek werd, dan hoef je vandaag niet meer verbaasd te zijn.'

Ik zeg helemaal niks. Ik wil niet dat Jim daar op de bank ligt. *Ik* logeer bij Seth en Abby. Die jongen is veel te knap om hier zomaar te liggen. Dit gaat mis.

'Hij heeft koorts,' zegt Abby. 'Ik heb aan zijn voorhoofd gevoeld.' Ze kijkt naar mij. 'Daarna heb ik mijn handen gewassen, hoor. Met afwasmiddel.' Ze pakt een mobieltje en ik herken de telefoon van Jim. 'Ik heb ook een diagnose gedaan. Die andere artsen weten er gewoon niks van. Jim heeft wél nog tien vingers. Kijk maar.'

Ze laat ons een röntgenfoto op het schermpje zien. Een wit-grijze skelethand tegen een zwarte achtergrond. Vijf volledige vingers, maar door de wijsvinger loopt een streep die nét voor het einde van het bot stopt.

'Hij was vlees aan het snijden met zo'n heel enge machine. In het restaurant waar hij werkte. En toen schoot hij uit. Nog íétsje verder en hij had echt nog maar negen vingers gehad.'

Ik zucht. Ik ga even naar het Vrijheidsbeeld kijken en opeens weet dat basisschoolkind alles over Jim. Prima. Dan zat hij dus met tien vingers aan mijn kleren. Dat maakt het niet minder erg.

'Abby,' zegt Seth. 'Naar de gang. Nú.'

Hij kijkt niet naar mij, maar ik loop toch met ze mee naar het halfdonkere halletje. Jim kan hier absoluut niet blijven, dat lijkt me duidelijk. En met z'n tweeën moeten Seth en ik een meisje van negen toch aankunnen?

'Krijg ik weer huisarrest?' vraagt Abby opgewekt, zodra de deur naar de kamer dicht is. 'Lijkt me echt vreselijk, om binnen te moeten blijven tijdens een orkaan.'

Ik kijk naar het tengere meisje dat daar uitdagend staat met haar kin in de lucht – en opeens snap ik wat ze aan het doen is. Ze wil de capsule openbreken. Haar moeder en Seth moeten uit hun vacuüm komen. Het kan haar allemaal geen klap meer schelen – als die twee maar wakker worden.

'Die jongen,' zegt Seth zacht, 'kan een moordenaar zijn. Jezus, Abby, ik kan niet geloven dat je naar hem toe bent gegaan!'

'Jullie date duurde eeuwen. Dus toen dacht ik: laat ik eens gaan kijken of Jim nog steeds zo knap is.'

'Dat had je toch ook bij hem thuis kunnen zien?' fluister ik. 'Je hoefde hem toch niet mee te nemen?'

'Dat moest ik nou juist wel! Die jongen heeft koorts. Hij vergeet zijn medicijnen en hij heeft alleen cola en een paar koekjes op zijn kamer. Ik kon hem daar toch niet laten liggen? Er komt een orkaan aan!'

Seths gezicht is donker. 'Wat denk je dat mama morgen zegt, als ze thuiskomt?'

'Maar mama komt morgen dus niet thuis! Haar vlucht is

geannuleerd, dat vertelde ze net.'

Ik denk meteen aan mijn vader. En aan het bed, dat nu nog een nacht langer van mij is.

'Serieus,' zegt Abby. 'Jim kan nergens anders naartoe. Zijn familie woont in Detroit, hij is ontslagen bij dat restaurant omdat hij niet meer kan werken en hij heeft geen vrienden in New York.' Ze kijkt naar mij. 'Jij mag hier toch ook logeren? In een echt bed nog wel. Jim moet op de bank. We hebben hier gewoon een orkaanasiel. Dat is toch gezellig?'

Ik kijk naar de grond, want ik wil nog steeds niet met Jim in één huis. Ik weet niet hoe ik moet doen als hij naar me kijkt. En hij herinnert me aan de vrienden van Juno. Maar er is niks aan te doen, dat snap ik nu ook wel.

'Ik praat niet met hem,' mompelt Seth. 'Hij mag blijven totdat Sandy voorbij is, maar ik wil niks met hem te maken hebben.'

'En hij moet van mijn kleren afblijven,' zeg ik.

'Mij best,' zegt Abby zonnig. 'Dan heb ik eindelijk iemand voor mij alleen. Dit is nog beter dan een teckel.' Ze kijkt naar mij. 'En ook beter dan een zusje.'

Opeens is alles anders in ons orkaanasiel.

Zwijgend kijk ik toe hoe Jim een beker kamillethee drinkt. Hoe Abby zijn kussens opschudt. Hoe Jim door zijn koortsige haar strijkt. Ik zou echt liever iets anders doen, maar als er een filmster op de bank ligt, moet je kijken.

De filmster draait zijn hoofd drie centimeter naar links. 'Jij zit natuurlijk nog op school...' zegt hij tegen Abby.

Ze knikt stralend. 'Met spelling ben ik de beste van de hele klas.'

Hij zucht. 'Iedereen zou zo snel mogelijk moeten stoppen met school. De wereld gaat naar de klote, maar wat leert Amerika aan alle kinderen? Dat je carrière moet maken en zoveel mogelijk geld moet verdienen.'

Abby kijkt ernstig. 'Echt? Vind je dat ik moet stoppen met school?'

'Natuurlijk vindt hij dat niet!' roept Seth boos vanuit de keuken.

Jim haalt zijn schouders op. 'Alle bankiers die de crisis veroorzaakten zijn naar school geweest. President Bush is naar school geweest...'

'Iederéén is naar school geweest,' zegt Seth. 'Wat bedoel je nou?'

Maar Jim luistert niet. Hij kijkt alleen naar Abby en praat door over de vreselijke dingen die je op school leert. Ik bijt op mijn lip. Het is alsof ik niet besta.

Jim vraagt niet even hoe het nu met mij gaat. Hij wil niet weten waar ik eigenlijk vandaan kom. En natuurlijk heeft hij nog steeds geen sorry gezegd over mijn koffer.

Ik sta op. 'Ik ga mijn haar verven.'

Hij hoort me niet eens.

In niets anders dan een onderbroek sta ik voor de spiegel in de badkamer. Ik draag plastic handschoenen en over mijn schouders ligt de oudste van de vijf handdoeken die ik in mijn koffer had. Voorzichtig meng ik de haarverf met de ontwikkelingsvloeistof. Terwijl ik het flesje schud, denk ik aan de mensen die een eeuw geleden naar New York kwamen.

Twee uur later durf ik eindelijk de badkamer uit te komen. Op een schaal van orkanen en doodsbedreigingen doet de kleur van je haar er weinig toe. Toch ben ik zenuwachtig.

Jim ligt nog steeds op de bank. Hij gebaart heftig met de hand die niet verbonden is.

'...alsof ik gekozen heb voor dat fucking kapitalisme! En nu met de crisis...'

Abby zit op een stoel tegenover hem. Ze kijkt alsof ze in de bioscoop zit bij een film die ze niet helemaal snapt, maar toch prachtig vindt. Seth heeft zijn laptop op het hoge aanrecht van de keuken gezet en slaat het tafereel met ingehouden woede gade.

En dan houdt Jim op met praten en kijken ze allemaal naar mij. Het voelt alsof ik net van de boot kom. Ik sta op de kade en Amerika ziet me voor het eerst.

'Is het stom?' vraag ik. 'Het staat raar, hè?'

Seth schudt langzaam zijn hoofd. 'Ik...'

'Het is prachtig!' roept Abby opgewonden. 'Je ogen geven opeens licht.'

'Pas maar op,' zegt Jim. 'Als je nu naar buiten gaat, dan vragen ze je meteen of je model wilt worden.'

'Doe niet zo gek!' Ik probeer koel te klinken.

Hij houdt zijn hoofd scheef en kijkt naar me. Maar voordat hij nog iets kan zeggen, begint Abby alweer te snateren.

'Ze zouden jóú moeten vragen om model te worden.'

Jim haalt zijn schouders op. 'Dat doen ze ook.'

'Echt waar? En?'

'Ik vind het volkomen *fucked up* hoeveel geld bedrijven uitgeven aan reclamecampagnes. En dan zou ik moeten gaan poseren in een of ander maatpak, of met een telefoon die niemand nodig heeft? *No way*.'

'Ook niet als je er veel geld mee kunt verdienen?' vraag ik.

Hij schudt zijn hoofd. 'Dit,' zegt hij, en hij kijkt opeens heel ernstig, 'is dus precies wat er mis is met de wereld. Dat mensen dingen die ze eigenlijk niet willen doen, tóch doen als ze er veel geld voor krijgen. Drugs verkopen. Een bank failliet laten gaan. Hoer zijn. Ik denk niet dat mensen dat zómaar zouden doen. Maar ze doen het wel voor geld.'

Met z'n drieën staren we hem aan. Seth met gefronste wenkbrauwen. Abby nog steeds alsof ze in de bioscoop zit. En ik – een beetje buiten adem.

Jim knikt. 'Ik heb een theorie...'

'Zullen we vanavond pompoensoep eten?' vraagt Seth er dwars doorheen. 'We hebben nog liggen in de vriezer beneden. Emilia, wil je de kelder zien?'

'Natuurlijk wil ze de kelder niet zien!' zegt Jim geërgerd. 'Wat denk je nou zelf?'

'Emilia?' vraagt Seth.

Ze kijken me allebei aan. En ze wachten. Zelfs Abby is stil.

Ik voel mijn hart op een rare manier bonken. Ze vinden me natuurlijk niet écht interessant – dat snap ik best. Ze zijn gewoon stompzinnige puberjongens die overal een wedstrijd van maken. Voordat Seth me de kelder wilde laten zien, keek Jim me nauwelijks aan. En toen Jim er nog niet was, vroeg Seth nooit of ik mee wilde naar de kelder.

'Oké,' zeg ik, 'laat die kelder maar zien.'

Seth kijkt triomfantelijk, maar hij moet niet denken dat hij nu gewonnen heeft. Toevallig is er één ding dat ik op dit moment liever doe dan naar Jim luisteren. En dat is over hem praten.

Samen lopen we naar beneden, langs een ouderwets traphek met krullen van metaal. Op mijn pols zit een veeg haarverf die er waarschijnlijk nooit meer af zal gaan, maar dat kan me gek genoeg niet zoveel schelen.

Voor de deur naar de gemeenschappelijke kelder blijven we staan. Seth kijkt naar me.

'Dit huis,' zegt hij, 'werd gebouwd in...'

'Jim is zo anders dan ik dacht,' fluister ik. 'Als je kijkt hoe hij eruitziet, dan denk je: die moet wel extreem oppervlakkig zijn. Maar hij denkt echt na over de wereld! Vind je het niet cool van hem dat hij geen model wil zijn?'

'Nee,' zegt Seth meteen. 'Als ze mij vragen of ik model wil worden, dan zeg ik ook nee. Dat is echt niet zo bijzonder.'

'Seth!' Ik zucht. 'Doe niet zo kinderachtig.'

'Ik doe niet kinderachtig,' fluistert hij fel. 'Geloof me. Als ik Jim was, zou ik mezelf van kant maken. Zulke jongens verpesten elke school. Ze denken dat ze alles kunnen maken en ze vinden het normaal dat de wereld aan hun voeten ligt. Stel je even voor dat Jim op jouw school zat. Weet je met wie hij dan iets zou krijgen?'

Ik weet het meteen.

'Met Juno,' zegt hij hard. 'Als zij in een film de *captain* van de cheerleaders is, dan is Jim haar vriendje. Zó'n jongen is hij. Een klootzak.'

'Niet waar!' Ik ben nog steeds een beetje buiten adem. 'Dat dacht ik eerst ook. Maar alles uit die films – dat klopt dus niet. Want Juno, het populairste meisje van de school, heeft in het echt helemaal geen knap vriendje. In het echt spreekt ze af met *mijn vader*. En Jim, die eruitziet als een filmster, blijkt na te denken over een oplossing voor de kredietcrisis...'

Seth kijkt me zwijgend aan. Alsof ik niet net ben aangekomen met de boot, maar juist vertrek.

'Waarom kijk je zo?'

'Alsof jou dat iets kan schelen.' Hij trekt de zware kelderdeur open en loopt de trap af. 'Ik spreek je over tien jaar wel weer,' roept hij vanuit de diepte. 'Als Jim nog steeds een loser zonder diploma is. En ik net mijn eerste miljoen heb verdiend.'

'Sukkel!' roep ik hem na. 'Je snapt er echt niks van. Het gaat er helemaal niet om hoeveel geld je hebt.'

'Ha!' Zijn lach echoot. 'Dat denk je zolang je genoeg hebt. Zolang je de creditcard van je vader kunt gebruiken om van hem weg te lopen.'

En dan valt de deur dicht.

23

Maandagochtend. De zon is pas net op, maar wij zitten al klaar voor de storm. We hebben gedoucht en ontbeten en onze tanden gepoetst, en nu kunnen we niets anders meer verzinnen om te doen.

Het is krankzinnig. Hier zitten we in ons orkaanasiel te wachten op een storm die *waarschijnlijk* over New York gaat razen. Samen met acht miljoen andere mensen volgen we elke beweging van de orkaan. Niemand weet wat er precies gaat gebeuren. Misschien maakt Sandy vlak voor ons een bochtje en valt het allemaal mee. Misschien ligt de halve stad straks in puin.

Buiten valt grijze motregen. Het waait flink, maar ik zou het nog geen storm willen noemen. De moeder van Seth en Abby zit dus vast in San Francisco, en ik weet nu zeker dat mijn vader geen vlucht heeft kunnen krijgen vandaag. Hij moet wachten, net als wij.

De zielige klootzak mailt elk uur om te horen hoe het met me gaat, en ik stuur hem om de drie uur een kort en afgemeten berichtje terug. Zelfs de beroemde schilderes Nora Quinn neemt de tijd om vóór de zondvloed een berichtje naar haar dochter te sturen. Ze schrijft geen woord over afgelopen week. Niets over Juno. Niets over de mensen die ons willen roosteren, vierendelen en verkrachten. Ze vertelt alleen dat ze als twintigjarige, nog voordat ze vliegangst kreeg, een keer in New York is geweest. Als ik de kans heb, dan moet ik beslist naar The Frick Collection gaan. Dat is het mooiste museum van de hele stad.

Aan het begin van de middag gaan Abby en ik naar buiten omdat we gek worden van het binnen zitten. Er is nog niets gebeurd, maar New York lijkt nu al een spookstad. Alsof er een dodelijk virus rondwaart en wij de enige twee overlevenden zijn.

Alles is dicht: winkels, restaurants, scholen – alleen de ziekenhuizen zijn nog open. Er rijden bijna geen auto's. Heel soms komt er een natte fietser voorbij of zien we iemand naar buiten lopen om een luik vast te zetten.

'Hoe ga jij je woensdag eigenlijk verkleden?' vraagt Abby als we langs een donkere winkel met halloweenkostuums lopen.

'Ik ben Nederlands,' zeg ik, terwijl ik naar de spinnenwebben en skeletten in de etalage kijk. 'Ik doe niet aan Halloween.'

'Echt niet? Ik ga als mega-enge zombie.' Ze trekt haar gele muts af en laat de wind door haar haren blazen. 'Alle andere meisjes hebben sexy verkleedkleren, maar ik vind dat stóm. Alsof monsters en heksen ooit minirokjes dragen en krullen in hun haar zetten. Monsters hebben niet eens haar. Monsters hebben slíjm.' En dan blijft ze opeens staan. 'Denk je dat Jim van sexy heksen houdt?'

Ik moet lachen. 'Ik denk dat Jim sexy heksen eh... *verdorven en kapitalistisch* vindt in deze tijden van crisis.'

Ze kijkt me vragend aan.

'Nee,' zeg ik. 'Ik denk niet dat hij van sexy heksen houdt.'

Tegelijkertijd vraag ik me af of Abby's moeder misschien verkleedkleren voor me te leen heeft. Niet echt sexy natuurlijk. Maar ook niet ónsexy. Zo sexy als nog enigszins geloofwaardig is voor een heks.

Wanneer we nat en koud thuiskomen, ontdek ik dat er één plaats op de wereld nog wonderlijker is dan de verlaten straten van New York – en dat is de huiskamer van ons orkaanasiel.

Op straat zijn vandaag misschien te weinig mensen, maar hier zijn het er duidelijk te veel.

Seth heeft de capuchon van zijn trui over zijn hoofd getrokken en weigert om met Jim te praten. Ik zeg juist zo min mogelijk tegen Seth, omdat ik vind dat hij kinderachtig doet. Abby heeft zich verkleed en draagt nu een hemelsblauwe feestjurk met lakschoenen, en Jim lacht zorgeloos naar iedereen. Hij heeft geen koorts meer en eet samen met Abby twee zakken tortillachips leeg.

Buiten zwaaien de hartjesbomen hun gekleurde armen en nadert Sandy *live*, maar tegelijkertijd kijken we naar de televisie en naar de computer en op onze telefoons. Op de lokale zender staan presentatoren in regenjassen verspreid door heel New York te wachten. Het nieuws schakelt steeds naar ze over, maar ze hebben niks te vertellen. Elk uur zijn ze kouder en natter en zeggen ze dat Sandy er nu écht bijna is. Maar nog net niet helemaal.

Zelfs op Nederlandse nieuwssites kan ik lezen hoe het hier met ons gaat. Het maakt me duizelig. Ver weg in Nederland noemen ze Sandy een 'allesverwoestende monsterstorm'. Ze schrijven dat Amerika 'siddert en beeft' en vrezen dat er tientallen doden gaan vallen.

Onder mijn wollen trui voel ik kippenvel op mijn armen.

Ik kijk naar Seth, want ik wil hem vragen of ik bang moet zijn. Abby is een kind, Jim praat alleen maar over de financiële crisis. Als iemand me kan vertellen of we echt gevaar lopen, dan is het Seth. Maar hij kijkt niet op of om. Hij zit voorovergebogen aan het hoge aanrecht en is met gefronste wenkbrauwen een post-it aan het versnipperen. Ik kijk naar het papiertje en zie opeens dat het míjn post-it is. De post-it die ik zwart gekrast heb.

Aan het einde van de middag beginnen de bomen voor het raam steeds harder heen en weer te schudden. Het is al bijna donker en het regent flink. Op televisie raadt burgemeester Bloomberg ons aan om de gordijnen en luxaflex dicht te doen, zodat het glas niet door de kamer vliegt als de ramen inwaaien.

'Daar had ik nog helemaal niet aan gedacht,' zegt Abby. Ze kijkt zorgelijk.

Seth laat de luxaflex omlaag komen en stiekem ben ik blij dat we niet meer hoeven te kijken naar die koude, spiegelende rechthoeken.

De burgemeester maakt bekend dat alle scholen morgen opnieuw dicht zullen blijven. Terwijl hij herhaalt dat in de opvangcentra niet alleen mensen welkom zijn, maar ook huisdieren, zien we beelden van een angstig kijkende kat en een stoute gele hond die in een gymzaal poept.

Ernstig vertelt Bloomberg dat veel mensen weigeren om hun huis te verlaten, terwijl ze wel gevaar lopen. Hij noemt ze dom en egoïstisch. Als ze straks door de brandweer gered moeten worden, dan hebben ze die brandweermannen willens en wetens in gevaar gebracht.

'Het is nu te laat om nog te vertrekken,' zegt hij dreigend. 'U heeft uw kans gehad, maar die is voorbij. Blijf nu waar u bent.'

Ik voel een koud geprikkel in mijn nek.

Stil kijken we naar de presentatoren in hun regenjassen, die nu wél iets te vertellen hebben. De rivieren links en rechts van ons zijn aan het stijgen en beginnen over de randen van Manhattan heen te klotsen. Opeens herken ik de kade waar Seth en ik gisteren naar het Vrijheidsbeeld keken. Precies waar wij toen stonden, stroomt nu water. Het is nog niet voorbij de zandzakken, maar de drijfnatte presentator schreeuwt in zijn microfoon dat hij opdracht heeft gekregen om de kade te verlaten. Het wordt te gevaarlijk.

Ik loop naar het raam en duw de luxaflex opzij. De regen komt in reusachtige vlagen naar beneden. Vlagen die door de wind horizontaal worden geblazen en die tegen de ramen slaan alsof we met een auto door de wasstraat rijden. Je ziet de straatlantaarns nauwelijks meer en de takken van de hartjesbomen zwiepen woest heen en weer.

Steeds denk ik bij mezelf: harder waaien kán gewoon niet. Nog harder en de huizen komen los van de grond. Maar elke keer kan Sandy toch nog harder.

Ik zie de orkaan nu met eigen ogen en ik hoor haar hysterisch huilen. Ze giert langs de huizen en rukt zo woedend aan de ramen dat ik de luxaflex laat vallen en terugdeins. Opeens kan ik me voorstellen dat lucht werkelijk in staat is om glas te breken.

We zijn nu opgehouden met snacken. *Comfort food* leidt te veel af. We kijken naar de televisie en luisteren naar de wind. Abby zit al een hele tijd naast Jim en ik ga stil naast haar zitten. Seth was nog steeds aan het hoge aanrecht aan het werk, maar nu komt ook hij naar de bank. We weten dat het ergste nog moet komen. Dat vertellen de nieuwslezers ons. En dat horen we buiten. Elke zwiep is weer heftiger. Elke stomp van de storm is weer harder.

Dan begint het licht opeens te knipperen.

Ik houd mijn adem in en voel Abby naast me verstijven. Maar voordat iemand iets kan zeggen, is het al weer voorbij en branden de lampen alsof er niets aan de hand is.

'Wat was dat?' fluistert Abby. 'Hoe kan dat?'

Niemand geeft antwoord.

Op televisie zijn de stemmen nu harder en hoger. Het wachten is voorbij, de orkaan is recht boven ons hoofd. In de wijk Queens, een stukje naar het oosten, is de eerste dode gevallen: een boom heeft een huis en een man verpletterd. Ik slik. 'De eerste dode' – ze zeggen het alsof ze zeker weten dat er meer gaan komen.

Even later flikkert het licht opnieuw.

Twee seconden lang is het donker. Het scherm van de televisie ploft op zwart en tegelijkertijd valt de computer uit.

Mijn hart houdt er ook ongeveer mee op.

En dan branden de lampen opeens weer zonder enige hapering.

'Dit is spookachtig,' zegt Jim.

'Ik begrijp niet hoe het kan.' Abby's stem klinkt schel. 'Dat het uitgaat, en daarna weer aan. Dan is het niet echt kapot. Maar waarom knippert het dan? Ik begrijp het niet.'

Terwijl Seth de computer en de televisie weer aandoet, luisteren we naar het janken van Sandy. Ze rukt aan de muren en beukt tegen de ramen. Regen slaat tegen het glas, op televisie lopen steeds meer stukken van de stad onder water. Ik hoor buiten iets breken en even later krijst er een sirene.

Ik schuif dichter naar Abby toe en kijk naar de lamp boven het hoge aanrecht. En dan kan ik opeens niet meer ademen. Die lamp, zo'n glazen kapje aan een lang snoer, zwaait zachtjes heen en weer.

Dat kan niet, zeg ik tegen mezelf. Het waait binnen niet. De deur zit op slot, alle ramen zijn dicht. Hoe kan die lamp heen en weer zwaaien? En opeens begrijp ik het.

Het is niet de lamp die beweegt. Het is het huis.

De lamp hangt doodstil boven het aanrecht, maar ons gebouw zwaait zachtjes heen en weer.

Ik wil wijzen en schreeuwen dat bakstenen en beton niet mogen deinen in de wind, maar ik kan geen geluid maken. Al het geluid in de wereld is op dit moment voor Sandy.

En dan, zonder extra waarschuwing, zonder knal, zonder geflikker, wordt het donker.

En het blijft donker

24

Dertig seconden wachten we doodstil af.

We horen ergens in de verte glas breken. Sirenes loeien. En het blijft donker. Zo donker als je nooit hebt meegemaakt in deze eeuw. Nergens brandt een stand-by lampje. De letters van elk display zijn gedoofd.

'Het gaat niet meer aan.' Abby's stem trilt. 'Wat...'

Ze houdt geschrokken op, want opeens is er wél iets dat licht geeft. Seth heeft het scherm van zijn telefoon aangedaan. Hij loopt naar het raam om naar buiten te kijken.

'Jezus,' zegt hij. 'De hele straat is donker. Ik zie helemaal niks meer – ook geen gebouwen in de verte. Een gigantisch stuk zit zonder stroom!'

Ik loop op de tast naar hem toe en duw de luxaflex opzij. De stormende lucht is net iets minder zwart dan de huizen. Het kan Sandy niet schelen dat we geen licht meer hebben. Ze buldert genadeloos door en trekt aan de ramen. Het glas staat even bol en dan, bij de volgende windvlaag, trekt het hol.

Seth en ik laten tegelijkertijd de luxaflex vallen.

Stel je voor. Als het raam breekt terwijl je naar buiten kijkt, dan krijg je een regen van glasscherven in je gezicht. Wat moet je als je zwaargewond raakt tijdens een orkaan? Kunnen ambulances nog rijden in deze storm? Is het in de ziekenhuizen nu ook donker?

'Fuck.' Jims gezicht wordt van onderen verlicht door zijn telefoon. 'Internet ligt eruit en ik heb zelfs geen *bereik* meer. Midden op Manhattan, dat geloof je toch niet?'

'Serieus?' vraagt Abby. 'Ik heb nog nooit van mijn leven

geen bereik gehad!' Ze kijkt op haar telefoon. 'En ik heb nog maar een heel klein beetje batterij... Dát had de burgemeester moeten zeggen: mensen, laad uw mobieltjes op voordat het te laat is!'

Ik blijf staan in het midden van de kamer. Ik kan het donker nu voelen. Van alle kanten duwt het zachtjes tegen mijn vel. Ik adem het in.

Ik voel me als zo'n extreem domme boerenzoon uit een sprookje. Zo eentje die een wens mag doen en dan iets wenst wat totaal rampzalig uitpakt.

Alsjeblieft, zegt het universum tegen me. Jij je zin. Een stad zonder internet. Zonder dreigtweets en zonder vunzige sms'jes.

'Dit kan toch niet lang gaan duren?' vraag ik met een rare, onzekere stem. 'Bij ons in Nederland was er ook een keer een stroomstoring. Die was binnen twee uur opgelost. En dit is New York!'

'Precies,' zegt Jim. 'Dit is New York.'

Het is even stil.

'Wat bedoel je daarmee?' vraag ik dan. Want ook zijn stem klonk raar. 'Het is toch goed dat dit New York is? We zitten vlak bij Wall Street en al die banken kunnen echt niet zonder elektriciteit. Ze roepen nu toch gewoon tweeduizend mannen op die dit gaan máken? En dan hebben we straks toch gewoon weer licht?'

'Dat lijkt me behoorlijk optimistisch,' zegt Jim. 'Dit kan zo een week gaan duren.'

Ik verslik me bijna in de duisternis. 'Een week?' vraag ik schel. 'Een week zonder licht en zonder bereik? Een week voordat ze een paar elektriciteitsdraden aan elkaar gesoldeerd hebben?'

'Kijk,' Jim klinkt rustig, 'Amerika is een rijk land, maar dat geld zit vooral in bedrijven. De Amerikaanse overheid is helemaal niet zo...'

'*Christ!*' zegt Seth hard. 'We hebben geen behoefte aan een of andere theorie. Laten we gewoon hopen dat ze het snel kunnen repareren. Wat er ook kapot is.'

Ik wil roepen: google dan even wat er aan de hand is! Maar dat kan dus niet.

Dit machteloze, gevangen gevoel ken ik verder alleen van proefwerken. Dat je weet dat je aangewezen bent op niets anders dan je eigen hersens. Dat er geen informatie meer bij komt. Dat dit het is.

En dan bedenk ik nog iets anders. Ik heb al uren geen antwoord meer gegeven op de berichten van mijn vader. Ik wilde hem nog één keer mailen voordat ik ging slapen. Maar nu hoort hij dus helemaal niks meer.

Ik haat hem met elke cel in mijn lichaam, maar ik word duizelig bij de gedachte dat hij daar midden in de nacht in Nederland zit te wachten op bericht van mij. Ik heb hem niet verteld waar ik logeer, dus hij heeft geen enkel idee wat ik meemaak. Hij weet niet of ik zonder elektriciteit zit of dat ik meegevoerd ben door een vloedgolf en nu op de bodem van de East River lig.

Hij heeft het verdiend, zeg ik tegen mezelf. Laat hij maar ongerust zijn. Maar de duizeligheid blijft.

'Ik dacht dat hier kaarsen lagen,' roept Seth geërgerd vanaf de andere kant van de kamer. 'Abby, weet jij waar mama die dingen heeft gelaten?'

Ze schudt haar hoofd en bij het licht van twee telefoons kijken we elkaar aan. De hele dag hebben we gewacht. En al die tijd hebben we geen kaarsen klaargelegd. Stiekem kon ik het gewoon niet geloven. Dat hier, in het centrum van de wereld, de stroom kon uitvallen.

Seth komt terug uit het ergste donker en laat zich op een stoel vallen.

'Gelukkig heb ik net nog het bad laten vollopen.' Hij veegt over zijn voorhoofd. 'Dat is tenminste iets.'

'De elektriciteít is uitgevallen,' zeg ik ongeduldig. 'Dat is iets anders dan het water, hoor.'

Hij kijkt me aan. 'Denk je dat nou echt?'

Ik zwaai met mijn armen. 'Duh! Kijk dan, geen licht! Daar gaat het hier toch om?'

'Waarom hebben Abby en jij dan flessen mineraalwater gekocht?'

'Gewoon. Omdat het op de checklist stond. Om voorbereid te zijn op een orkaan.'

Ik realiseer me opeens dat ik dat water echt 'gewoon' heb gekocht. Omdat het op de lijst stond. En dat ik er niet over heb nagedacht waarom Amerikanen vinden dat je bij een stroomstoring flessen water moet hebben in je prachtig ingerichte voorraadkast.

'Het water hier,' zegt Seth, 'wordt door elektrische pompen omhoog gepompt naar de hogere verdiepingen. Geen elektriciteit betekent dus ook: geen water.'

'Dat geloof ik niet.' Ik loop meteen naar de keuken. Ik wíl het niet geloven.

'Wacht!' roept Jim. 'Zet er eerst een pan onder, voordat je de kraan opendraait. Er zit altijd nog wat water in de leiding. Dat kunnen we gebruiken.'

Zwijgend ga ik op zoek naar een pan. Mijn handen trillen. Geen water, dat betekent niet alleen: niks te drinken. Het betekent ook: niet douchen. Geen water om de wc mee door te spoelen. Geen water om je handen mee te wassen.

Abby staat naast me als ik de kraan opendraai. Eerst denk ik: zie je wel! Die stomme jongens weten er niks van. Er is wél water. Maar al snel wordt de straal dunner. Nog even blijft het druppelen. En dan is het klaar.

Bij het licht van mijn mobiel kijk ik naar de lege kraan. Ik voel de bacteriën over mijn handen dansen. Juichend, omdat het universum ook hún liefste wens heeft laten uitkomen.

Ik bijt op mijn lip en voel de wereld wankelen. Waarom heb

ik een uur geleden niet voor de zekerheid nog een keer gedoucht? Waarom heb ik me niet eerder afgevraagd waarom ik in godsnaam flessen water aan het kopen was?

'Gaat het?' fluistert Abby. Ze doet haar mobiel weer aan. 'Ben je bang voor het donker?'

'Nee,' zeg ik schor, 'donker is het probleem niet.'

Ik denk aan de nachten dat papa en ik samen met de telescoop op ons dak klommen. Hij vertelde me over kometen en leerde me rekenen in lichtjaren – zachtjes, zodat we de buren niet wakker zouden maken. Daar, op het dak, ontdekte ik dat je in het donker juist meer ziet, niet minder.

Ik staar naar de kraan, die glanst in het vage licht van Abby's mobiel, en probeer rustig te ademen. Ik probeer een smoes voor mezelf te verzinnen, een reden waarom het allemaal niet zo erg is. Maar het lukt niet. Een week zonder douche, daar kan geen smoes tegenop.

'O,' zegt Abby, 'ik snap het al!' Ze kijkt me ernstig aan. 'Oké, dus er is even geen water. Maar je hebt toch je schoonmaakdoekjes?'

Ik geef geen antwoord.

'Emilia!' zegt ze streng. 'Hoeveel pakken met van die doekjes heb je nog in je koffer?'

'Vier,' fluister ik. 'En gisteren heb ik er nog drie bijgekocht.'

Ze knikt. 'Dan kun je elke dag dus een heel pak gebruiken, een hele week lang. Serieus, je blijft echt megaschoon.'

Ik kijk nog steeds naar de lege kraan.

'Denk nou even na,' fluistert Abby. 'Dit is een avontuur. Een écht avontuur. Normaal moet je heel veel moeite doen om iets spannends mee te maken, en nu gebeurt het vanzelf!'

Buiten klinkt een doffe klap.

'Emilia?' vraagt ze snel. 'Mag ik vannacht bij jou in bed?'

Ik kijk naar haar en weet dat ik niet kan weigeren. Als haar moeder hier was geweest, dan had Abby natúúrlijk in het grote bed mogen slapen. Maar zonder elektriciteit en water doet de wasmachine het dus ook niet meer. En lakens maak je niet schoon met vochtige doekjes.

Van nu af aan zal alles alleen maar viezer worden.

'Yo!' roept Jim vanaf de bank. 'Zijn jullie een begrafenis aan het organiseren voor de kraan? Wat dóén jullie daar?'

Abby huppelt terug naar de woonkamer. 'Ik mag vannacht lekker bij Emilia in bed!'

Hij lacht. 'Ik mocht lekker vrijdag al bij Emilia in bed.'

'Snurkt ze?'

'Nee, maar ze praat wel in haar slaap. Ik kon het alleen niet verstaan, want het was in die rare klompentaal van haar. O, en als je niet oppast, komt ze tegen je aan liggen.'

Seth geeft een schop tegen iets hards. 'Ik kan nergens kaarsen vinden! En ik heb dus echt geen zin om de batterij van mijn mobiel in één avond leeg te maken. Ik ga slapen. Dan is het tenminste normaal dat het donker is.'

'Wacht,' roept Abby, 'Jim moet zijn antibiotica nog!'

Hij kan die pil natuurlijk best zonder publiek slikken. En toch blijven Seth en ik staan kijken. We zien hoe Abby met haar verlichte telefoon naar de keuken loopt. We zien hoe ze water pakt uit onze voorraadkast.

'De eerste fles,' zegt ze plechtig. Ze draait de dop los en schenkt een glas half vol.

'Hoeveel flessen hebben jullie eigenlijk gekocht?' vraagt Jim.

'Zes,' zeg ik. Ik kijk niet naar hun gezichten. 'Zes keer anderhalve liter.'

Dat is negen liter water. Voor vier personen.

Voor een *week*, als Jim gelijk heeft.

Ik wil schreeuwen, maar ik houd me in. Ik duw mijn nagels in mijn handpalmen en luister naar Sandy. Zij hijgt en jankt en schreeuwt vandaag voor mij.

25

Midden in de nacht schrik ik wakker. Misschien brak ergens weer een ruit. Misschien viel er een boom om. Abby's donkere haren naast me bewegen niet. Ik trek mijn slaapzak op tot boven mijn neus en luister naar Sandy. Bij onweer moet je tellen hoeveel seconden er tussen bliksem en donder zitten, dan weet je hoe ver de bui van je weg is. Maar Sandy raast door zonder ophouden.

Ik heb geen idee hoe de rest van New York er op dit moment aan toe is. Overal op de wereld weten ze dat beter dan hier. Ik vraag me af of mijn vader nog achter zijn computer zit. Of hij gelezen heeft over *de eerste dode*. En dan vraag ik me af of hij sinds dinsdag nog contact heeft gehad met Juno en kan het me allemaal niks meer schelen.

Het is een vreemd idee dat licht op dit moment *niet mogelijk* is. Dat ik hier niet uit vrije wil in het donker lig, maar omdat het niet anders kan. Buiten hoor ik sirenes loeien.

En dan zit ik opeens rechtop.

Ik weet niet waar mijn paspoort is. Ik vond het te gevaarlijk om het in mijn tas te laten zitten, maar nu ben ik vergeten waar ik het verstopt heb.

Ik kruip de slaapzak uit, pak mijn telefoon en begin te zoeken. Ik weet nog precies van welke plaatsen ik dacht: hier zou ik het kunnen verstoppen. Maar ik heb geen flauw idee waar ik het uiteindelijk gelaten heb. Met kloppend hart sleep ik mijn koffer de kast uit en doorzoek alle vakken. Ik trek lades open en voel tussen de onderbroeken en sokken van een vrouw die ik niet ken.

‘Emilia?’ Abby’s stem klinkt ijl in het donker. ‘Wat is er? Moet ik opstaan?’

‘Er is niks,’ fluister ik. ‘Ik ben gewoon mijn paspoort aan het zoeken.’

‘Maar waarom dan?’

‘Ik moest opeens aan alle kaarsen denken.’ Ik ben buiten adem. ‘Andere mensen hebben natuurlijk wél kaarsen aangestoken. Als er nou brand uitbreekt en we moeten vluchten, dan heb ik mijn paspoort nodig.’

‘Ik ook!’ zegt ze meteen.

‘Maar jij bent Amerikaans. Ze weten hier wie je bent. Als ik bewusteloos raak, is er niemand in dit land die kan vertellen wie ik ben.’

‘Ik wel.’

‘Weet je mijn achternaam dan?’ Ik schijn op haar gezicht. Haar ogen zijn groot en donker. Ze schudt langzaam haar hoofd. En dan springt ze het bed uit.

‘Ik ga mijn ID-kaart van school halen.’

Ik zoek door. De schermverlichting van mijn telefoon gaat steeds weer uit, en eigenlijk is het licht ook veel te zwak. Ik heb mijn paspoort nog steeds niet, dus ik begin de boeken uit de grote kast één voor één door elkaar te schudden.

Opeens heb ik wat die jongen uit de documentaire ook had – die jongen die al jaren dacht dat hij niet echt was. Ik kijk naar mezelf alsof ik een actrice ben: eentje die in een onbegrijpelijke zwart-witfilm als een bezetene boeken staat uit te schudden. Hijgend, zwetend, niesend van het stof. Ik zou bijna kunnen lachen om dat meisje in haar geblokte pyjama – maar niet helemaal. Want ik weet dat ik het zelf ben.

Ooit, op het dak, leerde ik dat donker niet eng is. Maar het donker van nu lijkt te veel op mijn eigen donker. Dat ademloze zwart waarin je verdwaalt en dood kunt gaan. Zonder paspoort. In een vreemd land.

Eindelijk kijk ik achter in de onderste la van het nachtkastje en meteen begrijp ik niet meer hoe ik kon vergeten dat mijn paspoort dáár ligt. Ik stop het in mijn gebloemde tas, samen met de map vol papieren en mijn telefoon. En mijn oplader plus wereldstekker. En paracetamol, vochtige doekjes, antibacteriële gel, tandpasta en mijn tandenborstel.

'Hier,' zegt Abby. Ze geeft me een geplastificeerd kaartje. 'En mag deze er ook bij?' Ze houdt een grijzig konijn met stuk gesabbelde oren voor mijn gezicht. Ik deins terug.

'O ja,' zegt ze. Ze zucht.

Ik zet de tas vlak naast de deur en Abby legt het konijn aan de andere kant van de deuropening.

'Ik draag hem wel als we moeten vluchten.'

Rillend gaan we weer in bed liggen. Mijn vieze blote voeten schrapen langs de wanden van mijn slaapzak. Buiten breekt weer iets.

'Emilia?' fluistert Abby. 'Wil je een verhaaltje vertellen? Zodat ik niet naar Sandy hoef te luisteren?'

'Ik hou niet van verzonnen verhalen,' zeg ik zacht. 'Maar ik kan je iets vertellen dat waar is.' Ik draai me op mijn zij. 'Mijn achternaam is trouwens *De Wit*.' Ik spel het voor haar. Ik vertel haar ook mijn geboortedatum. En de naam van mijn moeder, want die is makkelijk te googelen – in landen met internet, in elk geval. Ik weet dat Abby het zal onthouden.

En dan vertel ik over Benjamin Franklin die tijdens een onweersstorm ging vliegeren om de bliksem te vangen.

Als ik wakker word, is de andere kant van het bed leeg. Ik sta op, doe de gordijnen open en staar naar buiten. *Licht.*

Nog nooit heb ik bedacht hoe uitzonderlijk het eigenlijk is dat het elke dag weer licht wordt. Zonder dat we ervoor betalen. Zonder dat tweeduizend Amerikanen iets moeten repareren – het wordt gewoon licht.

Sandy is voorbij, dat zie ik meteen. De straten glimmen. Overal liggen bladeren en takken en rotzooi. Er loopt nog steeds niemand buiten en de lucht is bewolkt, maar de hartjesbomen zwiepen niet meer heen en weer. En het is opgehouden met regenen.

In de koude woonkamer zitten Seth, Abby en Jim naast elkaar op de bank. Ik vind het gek dat ze zo dicht bij elkaar zitten, maar dan zie ik het grijze radiootje in Abby's handen.

'We luisteren naar het nieuws,' fluistert ze als ze me ziet.

Een radio. Ik geloof niet dat ik ooit in mijn leven serieus naar een radio heb geluisterd. Waarom zou je, als er ook telefoons en computers en televisies bestaan?

Maar zoals ik opeens anders naar daglicht kijk, zo bekijk ik de radio nu ook met andere ogen. Dit kleintje werkt op batterijen, dus er is geen stroom voor nodig. En terwijl onze domme mobieltjes geen bereik hebben, vangt de radio nog steeds een signaal op. Ademloos luisteren we naar de krakende stemmen.

Sinds gisteravond zit een reusachtig deel van Manhattan zonder stroom. Vanaf ons, helemaal tot aan het zuidelijkste puntje waar Seth en ik op de kade stonden, is het donker. En vanaf ons naar het noorden is het ook nog eens veertig blokken zwart.

Maar als ik het zo hoor, dan hebben wij toch nog geluk gehad. Stil pak ik mijn plattegronden erbij om het te begrijpen. Ik wil zien waar Breezy Point is, waar meer dan honderd huizen zijn platgebrand. Ik moet weten waar Staten Island ligt, want die wijk is keihard getroffen. Onder water gelopen. Weggespoeld. Verwoest.

We slurpen de informatie op en tegelijk denk ik: wat extreem onhandig is dit! We kunnen alleen luisteren en niks terugzeggen. En we kunnen niet eens doorklikken als we meer willen weten.

'We moeten naar het noorden,' zeg ik als wéér hetzelfde nieuws voorbijkomt. 'Daar is elektriciteit en hebben we bereik. Ik moet mijn ouders laten weten dat ik nog in leven ben.'

Abby staat meteen op. 'Wij moeten mama bellen.'

En zelfs Jim knikt. 'Ik moet naar het ziekenhuis. Mijn hand had gisteren al opnieuw verbonden moeten worden, maar ik durf het niet zelf. Straks trek ik die vinger eraf.'

Abby rilt. 'Doet het nog pijn?'

Hij knikt, maar zegt niks. Alleen die allereerste nacht, toen ik naast hem op de dinosaurusmatras sliep, heeft hij toegegeven dat hij pijn had.

'Je bent zo dapper,' fluistert Abby.

'Serieus!' roept Seth. 'Er zijn op dit moment heel wat mensen die het moeilijker hebben. Abby, heb je al aan tante Leah gedacht?'

Haar ogen worden groot. 'Die woont op Long Beach! Dat is...'

Zonder verder nog iets te zeggen, wijst ze Long Beach voor me aan op de kaart. Het is een dun, langgerekt eiland dat met zijn lange kant totaal onbeschermd aan de oceaan ligt. Precies waar Sandy aan land is gekomen.

Seth kijkt naar mij. 'Wij doen hier niet aan dijken. We bouwen houten huizen vlak aan zee. En meestal gaat dat goed...'

Zwijgend kleden we ons aan. Ik maak mijn lichaam schoon met vochtige doekjes en huiver in de kille badkamer. We ontbijten met alles wat er nog in de donkere ijskast ligt: kipworstjes, eieren, kaas en chocolademelk. Ik sta versteld wanneer Seth het fornuis aansteekt, want ik dacht dat níks het meer deed. Water hebben we niet, verwarming en licht ook niet, maar gas dus nog wel. Het is het enige. Hoezee. In een ijskoud, donker woestijnhuis kunnen we koken.

We haasten ons zonder het te zeggen.

'Een jas,' fluister ik tegen Seth. 'Ik mocht een jas van je moeder lenen.'

Ik zie hem zuchten en weet dat het belachelijk is om me te vermommen terwijl we net getroffen zijn door een orkaan. Maar ik ben toch blij met de jas van mosgroen fluweel. Hij komt tot mijn knieën en er zit een ceintuur bij die ik van Abby strak om mijn middel moet knopen. Van haar krijg ik ook nog een auberginekleurige muts en sjaal, en dan ben ik klaar om te vertrekken.

We nemen allemaal onze identiteitsbewijzen en telefoons mee. En opladers, in de hoop dat we een werkend stopcontact vinden. Seth doet zijn laptop in een rugzak en Jim heeft een tas met eten bij zich, want we hebben geen idee of er op loopafstand winkels open zijn.

Het is een avontuur zeg ik tegen mezelf.

Ik hoop dat we het er levend van afbrengen.

26

Met z'n vieren beginnen we aan onze tocht naar het licht. Een paar dagen geleden kenden we elkaar nog niet. En nu horen we bij elkaar.

We lopen door verbijsterend lege straten en ik weet dat dit voor de anderen nog veel vreemder moet zijn dan voor mij. Ik ken New York pas drie dagen, maar zij weten precies hoe deze stad eruit hoort te zien. De lucht is donkergrijs. Overal staan plassen en overal ligt rotzooi. De zesbaansweg is doodstil en lijkt breder dan ooit.

Abby blijft staan. 'De stoplichten doen het ook niet!'

En zo gaat het door. Elke keer ontdekken we nieuwe dingen die het niet doen. Het is krankzinnig om alle neonverlichting gedoofd te zien. Alle winkels en cafés en restaurants zijn gesloten. Allemaal, op één supermarkt na.

WE ARE OPEN – CASH ONLY staat op een kartonnen bord bij de deur. De letters zijn met de hand geschreven, want printers werken natuurlijk ook niet meer.

De deur van de winkel staat open, maar binnen is het bedenkelijk donker. We zien een klant met een winkelmandje en een zaklantaarn naar eten zoeken, en vanuit de duisternis roept iemand naar ons dat er warme koffie te koop is.

'Laten we doorlopen,' zegt Jim ongeduldig.

'Gaat het?' Abby kijkt bezorgd naar hem.

Hij knikt. 'Ik wil gewoon zo snel mogelijk een ziekenhuis vinden. Het is vast afgrijselijk druk op de eerste hulp.'

We lopen haastig verder. Sandy is voorbij, maar er rijden nog steeds bijna geen auto's op straat. Alleen een paar taxi's suizen voorbij, en die zijn allemaal bezet. De voetgangers die ik zie, slepen met weekendtassen en slaapzakken en hoofdkussens.

En opeens dringt het tot me door.

'Seth!' roep ik. 'Abby!'

Ze draaien zich om.

'Jullie kennen natuurlijk mensen die wél elektriciteit hebben! Waarom gaan jullie daar niet naartoe?'

Het duurt even voordat Seth antwoord geeft.

'We kennen wel mensen, maar daar kunnen we niet met z'n víéren aankomen. Dat gaat niet.'

Hij kijkt me ernstig aan en ik wil iets nobels zeggen. Ik wil hem vertellen dat hij natuurlijk samen met zijn zusje naar de warmte moet – maar het gaat niet. Ik moet er niet aan denken om alleen achter te blijven in het orkaanasiel. Dat overleef ik niet.

'Als jullie naar het licht willen,' mompelt Jim, 'dan moeten jullie dat natuurlijk doen. Ik red me wel.'

Hoog boven onze hoofden vliegt een helikopter over.

'Zullen we even afwachten?' Seth kijkt Jim niet aan. 'Ik ga mijn zusje niet laten doodvriezen, daar kun je zeker van zijn. Maar misschien hebben we vanavond alweer stroom.'

Abby pakt mijn hand vast. 'Ik ga echt niet zonder Emilia en Jim ergens logeren, hoor! Ook niet als ze stoer doen en zeggen dat ze ons niet nodig hebben. Dat zei papa ook altijd en dat is stóm.'

'Waar heb je het over?' Seth staart haar aan.

'Dat zei papa toch altijd? Wij moesten doen wat we wilden. Hij zou ons niet tegenhouden, hij kon zonder ons. Precies wat Jim nu zegt!'

'Je was piepklein. Dat kún je niet meer weten.'

'Wel waar.' Abby steekt haar kin in de lucht. 'Hij zei het die keer op Coney Island. Wij gingen samen met mama pootjebaden en *corn dogs* eten en in het Wonder Wheel en we renden naar het einde van de pier. En hij deed helemaal niks. Hij zat daar maar. En toen zei hij het. Dat we niet bij hem hoefden te blijven en dat we ons geen zorgen hoefden te maken. Hij kon zonder ons.'

Een stoplicht dat van zijn paal is gevallen bungelt aan één draad in de lucht. Een taxi toetert.

Seth begint in zijn eentje weer te lopen. 'Je weet er niks meer van!' roept hij. 'Papa wist niet wat hij zei. Hij meende het niet...'

Hij loopt zo hard dat we niet eens proberen om hem in te halen.

'Ik weet het echt nog,' fluistert Abby tegen mij. 'Ik onthoud dingen.'

Ik blijf haar kleverige hand vasthouden. Dwars door de afgesabbelde knuffelbacteriën heen.

Blok na verlaten blok lopen we naar het noorden. Ik time het op mijn telefoon. We doen ruim een minuut over één blok – dan zijn we bij de volgende zijstraat.

Op Union Square blijven we eindelijk staan. Het eiland met de bankjes is afgesloten met geel-zwarte linten. Sandy heeft halve bomen omvergerukt en het park is een ravage. De rest van het plein staat stampvol met auto's en bussen van ConEd. Van de radio weet ik dat ConEd de maatschappij is die voor onze elektriciteit moet zorgen.

Een magere man met wilde ogen vertelt ons dat er hier gisteravond een explosie is geweest.

'Hebben jullie de lichtflits niet gezien?' vraagt hij. 'Ik dacht eerst dat er aliens geland waren.' Hij wrijft in zijn handen. 'De hele stad is een puinhoop. De metro is onder water gelopen, alle bruggen zijn dicht, alle tunnels zijn dicht. Het gaat zéker een week duren voordat iedereen weer stroom heeft. Terwijl het vrijdag gaat vriezen, hè? Het zal beroerd koud worden hier...'

Ik ben misselijk als we doorlopen.

We zijn pas een half uur onderweg en ik ben nu al verkleumd. Ik begin me zorgen te maken. Hoe moet ik ooit weer warm worden na deze dag? Straks, na uren lopen door een koude stad, zullen we thuiskomen in een koud huis.

Ik heb het meegemaakt toen ik met mijn vader ging kamperen op Texel. Na een wandeling door de regen kwamen we half bevroren terug op de camping. In de tent trok ik alle droge kleren aan die ik bij me had en ging ik in mijn slaapzak liggen. Maar ik kreeg het niet meer warm. De hele nacht lag ik wakker van de kou. Het was beangstigend.

Papa en ik gingen de volgende dag terug naar huis, maar nu kan dat niet. Ik kan hier niet weg, want de vliegvelden zijn dicht. Treinen rijden niet. De metro doet het niet.

We zitten gevangen in de kou.

We lopen nu alle vier met onze telefoons in onze hand, zodat we het merken zodra er bereik is. Soms zie ik een voorbijganger iets met zijn mobieltje doen en gaat mijn hart sneller kloppen, maar steeds is het weer vals alarm.

Totdat we opeens een stoplicht zien branden. Het is vuurrood, maar Abby rent er met uitgestrekte armen naartoe. Rood heeft geen betekenis meer voor ons – het is *licht*, daar gaat het om. En even later beginnen onze telefoons te piepen als gekken. Meteen blijven we doodstil staan. Alsof we zo'n spelletje doen waarbij je moet bevriezen zodra de muziek stopt. Alleen gaat vandaag het geluid juist áán.

Met ingehouden adem lees ik alle berichtjes. Mijn vader. En ook mijn moeder. Ik wist niet dat ze zo ongerust konden zijn.

'Mama,' hoor ik Abby naast me gillen, 'het gaat goed met ons! We hebben worstjes voor het ontbijt gegeten en ik heb mijn ID bij me voor als ik bewusteloos raak...'

'Ja,' zegt Jim ernstig in zijn mobiel, 'alles oké hier. Nee, ik ben niet alleen.' Hij draait zijn rug naar me toe. 'Ik woon hier al twee maanden, je denkt toch niet dat ik nog geen vrienden heb? We zijn met z'n vieren vandaag. Supercoole groep. Veel beter dan in Detroit.'

'Nee, we willen niet uit logeren,' roept Abby tegen haar moeder. 'Seth en ik zijn een orkaanasiel begonnen en daar kunnen ze ons echt niet missen.' Ze fronst haar wenkbrauwen. 'Nou, jij bent hier helemaal niet, dus je kunt niet bepalen waar we moeten slapen!'

Ook Seth houdt zijn mobiel tegen zijn oor, maar hij zegt niks.

'Tante Leah?' fluister ik.

Hij schudt zijn hoofd. 'Ik krijg haar niet te pakken.'

Ik kijk weer naar de telefoon in mijn hand. Ik was van plan om een sms'je te sturen. Maar opeens kan ik me niet meer beheersen. Ik moet ze spreken. Niet om mij, maar om hén. Straks heeft een van die Twittergekken zijn dreigementen uitgevoerd.

'Papa?' schreeuw ik als hij opneemt. 'Leef je nog? En mama ook?'

'Emilia!' roept hij. 'We hoorden niks meer van je...'

'De elektriciteit is uitgevallen. Maar ik heb de orkaan overleefd. Ik ben er nog!'

Ik vind het opeens geweldig om Nederlands te spreken. Ik kan hier midden op straat staan gillen en niemand die me verstaat. Ik zie Abby en Seth en Jim staren en denk: kijken jullie maar. Dit ben ik dus ook. Deze rare klompentaal hoort bij mij.

'Gisteravond om half negen begon het licht te knipperen. Twee keer, en toen viel het helemaal uit. En het water doet het ook niet meer en...'

Ik vertel totdat ik moet stoppen om adem te halen. En natuurlijk gebruikt mijn stompzinnige vader die paar seconden stilte om te gaan zeiken over de politie. Dat ik me echt moet gaan melden omdat hij nog steeds geen vlucht heeft kunnen krijgen. Dat ik gevaar loop en dat het onverantwoordelijk is en dat ik moet doen wat hij zegt.

‘Hou toch op,’ schreeuw ik woedend, want nu ik weet dat hij nog leeft, mag ik hem weer stom vinden. ‘Je snapt het nog steeds niet, hè? Ik wil helemaal niet terug naar Nederland. Nooit meer! Het is hier honderdduizend keer beter dan bij jullie. Ik heb supercoole vrienden, zonder bereik kan niemand ranzige sms’jes sturen en jíj bent er niet. Geloof me. Ook in het donker is dit het FUCKING PARADIJS!’

Voordat hij nog iets kan zeggen, druk ik hem weg.

Abby kijkt me met open mond aan.

‘Wow,’ zegt Jim. ‘Is dat Holland-taaltje van jullie zo’n taal die klinkt alsof je altijd boos bent? Of was je écht nogal kwaad?’

‘Ik was echt nogal kwaad,’ zeg ik tevreden.

6000 kilometer, denk ik. Er zit een hele oceaan tussen ons in. Er is niets wat je kunt doen als het je niet bevalt dat ik hier rondloop. Ik heb mijn vrienden en mijn paspoort en een tandenborstel. Ik ben vrij.

27

We staan midden in grauw, verlaten New York en hebben het koud. Nog vijf uur lang is het licht, daarna begint de nacht alweer. Wat gaan we doen met die kostbare uren daglicht?

'Ik moet zo snel mogelijk naar het ziekenhuis.' Jims gezicht is bleek.

Abby kijkt naar haar broer. 'Zullen wij naar tante Leah? Ik wil weten hoe het met haar gaat.'

'Dat wil ik ook weten,' zegt Seth. 'Maar het is onmogelijk om bij Long Beach te komen. Je hoorde toch wat die man zei? Alle bruggen en tunnels zijn dicht. We zitten vast op Manhattan.'

Ik ril. Er valt nu een vage regen en mijn jas begint nat te worden.

'Ik weet het,' zegt Abby, 'we gaan naar Bridget!' Ze kijkt naar mij. 'Bridget is mama's beste vriendin en ze woont in een soort konijnenhok *uptown*. Maar voor een paar uur passen we er wel in. Ze heeft internet en verwarming en je mag er zoveel water drinken als je maar wil.'

Seth begint al te lopen, maar ik schud mijn hoofd.

'Ik ga met Jim mee.'

'Serieus?' vraagt Seth. 'Je gaat liever met hem mee?'

Ik knik. De afgelopen dagen heb ik geen enkele volwassene gesproken en dat wil ik zo houden. Ik ben bang dat die Bridget vragen zal stellen. Dat ze moeilijk gaat doen en dat ik dan niet alleen op Manhattan gevangenzit, maar ook nog in een konijnenhok.

‘Hoe gaan we dit doen?’ vraagt Jim. ‘Waar ontmoeten we elkaar weer?’

Mijn hersens hebben nog nooit op deze manier nagedacht. Ik kreeg een telefoon toen ik acht was en ik kan me niet herinneren dat mijn ouders géén mobieltje hadden. In dit deel van de stad kunnen we elkaar bereiken. Maar zodra een van ons naar het zuiden gaat, is er geen enkel contact meer mogelijk. We hebben één huissleutel. En we weten niet wie als eerste thuis gaat komen.

‘Dit is belachelijk,’ zegt Jim na een tijdje.

‘Nogal,’ zegt Seth. ‘Oké, Abby en ik zijn thuis voordat het donker wordt. Na vijven kunnen jullie dus komen.’

‘Maar de deurbel doet het niet!’ roep ik. ‘En onze mobieltjes ook niet.’

We denken weer na. Het appartement is te hoog om iets tegen het raam te gooien. Roepen hoor je niet.

Seth zucht. ‘Na vijven kijken Abby en ik elk kwartier uit het raam of jullie er zijn. En als het te donker wordt om iets te zien, dan komen we elk kwartier naar beneden om te kijken of jullie voor de deur staan.’

Een ambulance komt langs met gillende sirenes.

‘Serieus,’ zegt Abby. ‘Hoe deden oermensen dit vroeger?’

We hebben geen idee.

‘Vul de waterfles bij Bridget,’ zeg ik.

‘En alsjeblieft,’ roept Jim. ‘Poep voordat je weer naar het donker komt!’

Terwijl Abby begint te giechelen, denk ik aan mijn paniek in het vliegtuig. Vier dagen geleden maakte ik me druk over een slurpende vliegtuig-wc. Nu woon ik in huis bij een wc die helemaal niet meer kán slurpen en die soms een emmertje water uit het bad krijgt toegeworpen.

Jim ritst zijn jas dicht tot aan zijn kin. ‘Emilia?’

Ik knik. Heel even kijk ik nog naar Seth. Daar staat hij, eenzaam opgesloten in zijn tijdcapsule. Sinds Abby erover vertelde, kan ik het ding bijna zien. Dikke ijzeren wanden. Een klein beslagen raampje waardoor hij zo nu en dan naar buiten kijkt.

En dan ga ik achter Jim aan. Ik trek mijn muts over mijn oren, steek mijn handen in mijn zakken en probeer te doen alsof het normaal is om naast een filmster te lopen.

Het is gewoon niet eerlijk. Elke keer als ik naar Jim kijk, krijg ik een week gevoel in mijn knieën. Niet omdat ik dat wil, maar omdat – weet ik veel... Omdat *evolutie* zo werkt.

Hoe kan de rest van ons nou een schijn van kans maken als er meisjes als Juno zijn en jongens als Jim? Meisjes met echte borsten en wuivende haren, jongens met gespierde armen en gebeeldhouwde gezichten. Jongens die niet gevangenzitten in een capsule, maar die de wereld willen veroveren en blijven lachen als ze bijna een vinger verliezen.

Ik raak ervan in de war. Waarom krijg ik nooit een week gevoel als iemand *aardig* doet?

'Wow.' Jim schudt zijn hoofd. 'Dit zijn echt de bizarste maanden van mijn leven. Ik verhuis naar New York, snijd mijn vinger eraf, maak een orkaan mee en nu loop ik hier naast jou.'

'Je vinger is er niet *af*,' zeg ik.

Hij zucht. 'Laat me nou even doen alsof ik negen vingers heb! Ik heb al vier dagen pijn en dat is makkelijker te verdragen als ik de rol van geamputeerde mag spelen.'

'Oké,' zeg ik braaf, 'je hebt negen vingers.'

'Zielig, hè?'

Ik moet lachen. 'Echt mégazielig.'

Zijn telefoon begint te rinkelen en hij neemt op.

'*Mommy?*' Hij klinkt opeens jonger. Nogal schattig, eigenlijk. '*Calm down, mommy!* Het gaat prima hier, dat heb ik net toch al aan pa verteld?'

Hij luistert een tijdje, en dan schudt hij zijn hoofd. 'Hij had beloofd dat hij niet over mijn vinger zou vertellen! Echt, het valt mee. Ik voel er al niks meer van.'

Hij luistert weer.

'Nee, ik ben niet alleen. Ik loop hier samen met mijn vriendin Emilia, uit Nederland.'

Ik voel de evolutie meteen weer toeslaan. Hij noemde mij zijn *girlfriend*. Nu is er iemand op de wereld die denkt dat ik Jims vriendin ben.

'Dat is lief van je,' zegt hij in zijn telefoon. 'Nee, ik heb vannacht niet gebeden. Ik sliep.' Hij zucht. 'Ik wil helemaal niet terug! Wat moet ik daar? De halve stad staat leeg en er is geen werk. Alleen losers willen daar wonen.'

Hij is even stil.

'Zo bedoelde ik het natuurlijk niet! *Mom*, je weet best dat jij...' Hij bijt op zijn lip. 'Ik moet nu echt ophangen, anders is mijn batterij leeg. Tot later!'

Het gesprek is voorbij. Hij haalt zijn neus op en veegt met de achterkant van zijn hand langs zijn gezicht. Ik kijk naar de grond. Naast me hoor ik snot, dus pak ik een tissue voor hem uit mijn tas.

'Ze gaat voor je bidden,' zegt hij. 'Die gekke moeder van mij. Ze gaat bidden voor *Eemielia*. En voor mij natuurlijk, maar dat heeft tot nu toe weinig geholpen.'

We lopen door. Het wordt drukker op straat en ik kijk naar de mensen die net als wij vannacht een orkaan hebben doorstaan. Ze zien er chagrijnig en verfomfaaid uit.

'Weet je,' zeg ik, een beetje verbaasd, 'dit is de eerste keer dat iemand voor me gaat bidden. Ik ken helemaal geen mensen die in God geloven.'

'Echt niet? Ik ken alléén maar mensen die in God geloven.'

'Helpt het?' vraag ik.

'Wat?'

'Om te geloven.'

Hij zucht. 'Wil je een korte samenvatting van mijn familie?'

Ik knik.

'Oké, hou je vast. Mijn vader heeft al drie jaar geen baan meer en drinkt te veel. Mijn moeder is superintelligent maar werkt overdag in een supermarkt en maakt 's avonds kantoren schoon. Ze is ervan overtuigd dat God haar gaat redden uit dit tranendal, maar die Ouwe laat op zich wachten. Ik ben de zoon die alles goed had moeten maken. En die nu dus alles verpest heeft.' Hij haalt zijn neus nog een keer op. 'Nu jij. Een korte samenvatting van het óngelovige gezin.'

Ik aarzel. En dan doe ik het gewoon.

'Mijn moeder maakt schilderijen en is redelijk wereldberoemd. Nora Quinn – ooit van gehoord? Mijn vader was de directeur van mijn middelbare school. Afgelopen week heeft hij ontslag moeten nemen omdat hij maandenlang ranzige sms'jes naar een leerlinge stuurde. En ik was een uitmuntend modelkind totdat ik stiekem op het vliegtuig naar New York stapte.'

Jim is een tijdje stil. En dan begint hij te grinniken.

'Die atheïsten toch! Is het heel fout als ik moet lachen om die sms'jes?' Hij ziet mijn gezicht en zegt vlug: 'Dat dacht ik wel.' Hij strijkt door zijn haar. 'Is de inhoud van de sms'jes bij jou bekend?'

'Serieus!' roep ik. 'Wil je nou echt...'

'Stop maar,' zegt hij snel. 'Sorry, ik ben een smerige puber en God zal me straffen. Maar even serieus. Het maakt nogal een verschil, wat er in die sms'jes stond. Of het hardcore porno was, of meer iets in de trant van eh... *wat glanst je haar mooi tijdens de les*.'

Ik zie dat hij bijna weer moet lachen, maar hij beheerst zich.

'Het was meer dat laatste,' zeg ik schor.

Een paar sms'jes zijn uitgelekt en dansen nu rond over internet. Ze zijn verre van pornografisch. Mijn vader klinkt eerder als een dertienjarige nerd die voor het eerst verliefd is. Hij schrijft dat hij alles vergeet over vectorruimtes en diagonaalmatrixen als hij Juno ziet. Hij vertelt haar dat hij elke avond berekent hoe groot de kans is dat hij haar de volgende dag in de gang tegenkomt. En hij schrijft dat ze straalt als Sirius, de helderste ster aan de hemel.

Hij doet kennelijk aan recycling. Want dat laatste, over die heldere ster, dat zei mijn vader vroeger dus altijd tegen *mij*.

'Dus geen enkel sms'je over haar tieten?' vraagt Jim voorzichtig. 'Of hoe het zou zijn om haar op zijn directeursbureau...'

'Idioot!' Ik geef een duw tegen zijn arm met de half afgesneden vinger en zie zijn gezicht vertrekken. 'Als een of andere hitsige president zoiets doet, mag je lachen. Maar dit gaat over mijn *vader*. En het waren dus niet alleen sms'jes. Ze hebben ook met elkaar afgesproken en ik heb geen idee wat er toen gebeurde. Daar is de politie nu mee bezig. Een vader die naar de gevangenis moet, vind je dat grappig?'

Hij schudt zijn hoofd. 'Het spijt me, *Eemielia*. Ik zal vanavond voor hem bidden...'

We lopen door en hij begint weer over de crisis. Over huizen die gedwongen verkocht moeten worden en over gewone mensen die ontslagen worden terwijl topbankiers nog steeds bonussen krijgen van miljoenen dollars per jaar. Ik weet nu dat hij niet praat over algemeenheden en abstracte cijfers. Ik begrijp dat hij steeds opnieuw het verhaal van zijn familie vertelt. Een waargebeurd verhaal over een vader die al drie jaar werkloos is. Over een moeder met twee rottige baantjes. En over een zoon die alles achterlaat en naar New York vlucht.

28

Zodra we door de glazen schuifdeuren van het ziekenhuis gelopen zijn, blijf ik staan. Ik ruik wonden. Ik zie mensen met infusen en pantoffels en rolstoelen.

'Het spijt me,' zeg ik. 'Dit was nogal dom van me. Ik kan niet mee.'

'Maar ik moet vast een hele tijd wachten!' roept Jim. 'Dat is saai. Als jij erbij bent, dan kun je me tenminste nog eens iets leuks over sms'jes vertellen.'

'Jezus Jim, hoe...'

'Sorry,' zegt hij snel. 'Ik kan het niet laten. Oversekste puber, et cetera.' Hij zucht. 'Ik weet het ook niet. Meestal ben ik nogal goed met meisjes. Al zeg ik het zelf. Maar met jou... Wil je daarom niet mee? Omdat ik een zak ben?'

Ik kijk hem niet aan. 'Ik heb gewoon niet nagedacht.' Ik draai me om en loop de deuren weer door. Weg van de warmte, terug naar de kou.

Jim komt achter me aan. 'Kun je niet tegen bloed? Is dat het?'

'Ik kan niet tegen bacteriën, oké? Ik ben een freak.'

'Wacht nou even!' Hij haalt me in. 'Neem deze dan tenminste mee.' Hij pakt de reuzenzak *Reduced Guilt Air-Popped Popcorn* uit de tas met eten. 'Hij zit nog dicht, dus gegarandeerd zonder bacteriën.' En dan lacht hij naar me. 'Je bent wel een leuke freak, hoor. Met cool haar.'

Pas als ik drie blokken verder ben, als mijn knieën weer helemaal normaal zijn en ik zijn lach ben vergeten, sta ik stil. Ik maak mijn handen schoon met een vochtig doekje, open de paarse zak en begin te eten.

Een half uur later begrijp ik de orkaanchecklist pas écht. Waarom ze zeiden dat we *comfort food* nodig hadden. Dat was niet voor tijdens de orkaan. Dat was voor nu.

Ik ben een popcornmachine. Mijn hand verdwijnt steeds opnieuw in de zak. Mijn kiezen kauwen. Mijn benen lopen. En mijn hersens blijven kalm. Om me heen zwerven toeristen kleumend door de natte straten, maar ik heb mijn eigen eten bij me en ben veilig. Voor even.

Niemand kijkt me aan. Als het in Nederland gesneeuwd heeft, dan lachen mensen naar elkaar op straat. Omdat het bijzonder is, en omdat iedereen tegelijk aan Kerstmis moet denken. Maar vandaag glinstert de stad niet onder een vrolijk pak sneeuw. New York na Sandy is onherkenbaar op een manier die verontrustend is. Het centrum van de wereld hoort niet *dicht* te zijn. In het centrum van de wereld zou je niet bang moeten zijn voor het moment dat het donker wordt.

Ik eet mijn popcorn en loop verder en verder naar het noorden. Zolang ik in beweging blijf, kan ik tenminste niet doodvriezen. Ik stop pas bij een reusachtige glazen kubus die op de hoek voor Central Park staat. Midden in het glas zweeft een witte appel met een hap eruit, en als je door de kubus naar beneden kijkt, zie je een spierwitte winkel vol iPads. Voor de deur ligt weer zo'n lullig rijtje zandzakken en rondom de kubus staan toeristen stompzinnig te bibberen in vochtige jassen.

Even vraag ik me af of het een ritueel is. Zijn die mensen de nieuwste iPhone aan het vereren? Maar dan begrijp ik het. De winkel is dicht, maar stiekem doet de elektriciteit het hier wel – en dat betekent dat er ook wifi is. Als je je mobieltje vlak bij de kubus houdt DAN ZIT JE ONLINE!

Zo snel als ik kan, vouw ik de zak met popcorn dicht, maak ik mijn handen weer schoon en begin ik over het schermpje van mijn mobiel te vegen. De mensen om me heen, langs alle vier de wanden van de kubus, doen hetzelfde. Ik ga ervan uit dat zij ook uit het donker hiernaartoe zijn komen lopen. Maar ik zal het nooit weten, want ik praat niet met ze.

Fuck de verbroedering, denk ik, *WE HEBBEN HIER WIFI!*

Ik open Google en begin te zoeken. Ik wil weten hoe het met ons gaat in New York. Wat we de afgelopen uren hebben meegemaakt. Waar het allemaal donker werd. Hoe het er toen uitzag. En wat we nu denken.

Om half vier ruk ik me eindelijk los van mijn telefoon. Mijn vingers zijn veranderd in een soort dode takjes – nog even en mijn touchscreen herkent me niet meer als mens. Ik ben zeker anderhalf uur van huis en moet nu echt beginnen aan de terugtocht. Anders ben ik niet vóór donker terug.

Terwijl ik door de grijze stad loop en weer mechanisch popcorn eet, denk ik aan de verwoestingen waarover ik heb gelezen. Ik denk aan de foto's van water dat metrostations in spuit en van mensen die alles verloren hebben.

Want orkaan Sandy viel dus *niet* mee. Ze heeft hele huizen kapotgemaakt. Wegen, elektriciteitskabels, bomen, auto's en bruggen. En mensen.

Terwijl wij veilig in ons orkaanasiel zaten, zijn er tientallen doden gevallen. En nog steeds lopen er mensen gevaar. Bejaarden die op de vijftiende verdieping van een flat wonen, zitten gevangen nu de lift niet meer werkt. Duizenden mensen hebben geen droge kleren meer, geen warm eten, geen bed.

Ik wilde dat ik kon helpen. Op een website zag ik dat ze vrijwilligers nodig hebben om eten uit te delen en oude mensen te bezoeken en modder weg te schrobben. Maar ik durf niet. Ik wil niet kouder en viezer worden dan nodig is. Hoe kan ik een hele dag modder schrobben en daarna thuiskomen in een ijskoud huis zonder douche?

Ik voel het zwart alweer naderen.

Nog drie blokken, dan is er geen elektriciteit meer. Ik stuur een sms'je aan mijn ouders om ze te vertellen dat het zeker achttien uur gaat duren voordat ik weer bereik heb. Bij een *diner* die zowaar open is, koop ik twee grote flessen water en ga ik huiverend naar de wc.

Vlak voor de grens, terwijl aan de andere kant van de straat de stoplichten alweer dood zijn, kom ik langs een campingtafel vol stekkerdozen. De tafel staat op de stoep voor een verlichte supermarkt en op A4'tjes is geschreven dat je hier gratis je telefoon mag opladen. Rond de tafel staan tientallen mensen te wachten terwijl ze kijken naar een kluwen van opladers en snoeren en mobieltjes.

'*This feels so good!*' roept een jongen met piekhaar. '*Power at last!*'

Met trillende handen pak ik de oplader uit mijn tas. Er is nog één stopcontact in één stekkerdoos vrij, en daar ga ik in. Gehypnotiseerd kijk ik naar de ladende balkjes op het scherm van mijn telefoon.

'Ik was net bij een hotel uptown,' vertelt een mager meisje met een gehaakte muts. 'Ik wilde mijn mobieltje even opladen in de lobby, maar ze stuurden me gewoon weg. Kun je dat geloven? Ze hebben geen idee hoe het hier is!'

'*We are the dark people*,' zegt een man met een hanenkam en een smoezelige hond aan een touw. 'Overdag mogen we proeven van een stad met werkende stoplichten en verwarming. En daarna moeten we terug naar onze *City of Darkness*.'

Terwijl mijn telefoon elektriciteit opzuigt, luister ik stil naar de gesprekken. De mensen om me heen hebben niet gedoucht vandaag, maar ik blijf toch staan. Want hier, eindelijk, voel ik het. Wij delen iets met elkaar. Ik sta op een ijskoude stoep in New York omringd door mensen met hanenkammen en hippe brillen en ik *begrijp* ze.

Het begint te schemeren, maar ik wil nog niet weg. Het is krankzinnig. Ik snap deze mensen beter dan mijn eigen ouders. Wij zijn daar in Nederland al veertien jaar een gezin, maar hoe vaak heb ik nou het gevoel gehad dat we hetzelfde meemaakten? Hoe vaak kwamen we elkaar tegen in de sneeuw en lachten we naar elkaar?

Ik blijf naar mijn mobieltje kijken terwijl het langzaam donker wordt. De smoezelige hond gaat erbij liggen en mensen vertellen over hun dag. Over één dag eigenlijk – één dag die iedereen vandaag geleefd heeft. En ze geven elkaar tips: dat er op Second Avenue een Indiaas restaurant is dat *take away* verkoopt vanuit de duistere deuropening. Dat de Koreaanse supermarkt op St. Mark's Place voor een deel onder water is gelopen, maar dat hij nog steeds open is: de Koreanen zijn er trots op dat hun winkel in zijn hele bestaan nog nooit een dag of nacht gesloten is geweest. Ook nu niet.

Ik kan niet meer voelen waar mijn voeten eindigen en mijn laarzen beginnen, en toch blijf ik staan. Omdat ik daar zin in heb.

Power at last.

29

De laatste blokken terug naar huis heb ik zwaar onderschat. Zonder lantaarns is het levensgevaarlijk op straat. Auto's razen half Manhattan over zonder één enkel stoplicht tegen te komen en oversteken is bijna onmogelijk.

Ben ik echt de enige die hier loopt? De eerste dagen, toen het nog licht was, heb ik zwervers op straat gezien. Niet veel, maar wel een paar. Waar zijn die mensen nu? Zijn ze blij dat het eindelijk donker is in hun slaapkamer? Of wachten ze achter de volgende hoek om me te bespringen?

Een gure wind waait en toch voel ik zweet op mijn rug. Ik sper mijn ogen wijd open en doe mijn best om niet te vallen over stoepranden, kelderluiken en gebroken tegels.

Ik ben buiten adem als ik eindelijk bij onze straat ben. Zo vlug als maar gaat loop ik naar ons stenen trapje, maar als ik mijn voet op de eerste tree wil zetten, bots ik tegen iets levends. Ik gil. Keihard.

'Ik ben het,' zegt de stem van Seth.

'Jezus!' Mijn hart bonkt met zware slagen. Mijn hele lichaam tintelt. 'Ik schrok me kapot...' Even voelt het alsof ik moet huilen, maar dan begin ik te lachen. 'Ik dacht dat je een zwerver was, of een inbreker of...'

Seth schraapt zijn keel. 'Weet je hoe lang ik al op je zit te wachten?'

Ik kan zijn gezicht niet zien, maar hij klinkt redelijk woedend.

'We hadden toch geen tijd afgesproken?' zeg ik. De adrenaline stuitert nog steeds door mijn lijf. 'Jim en ik zouden hier na vijven zijn, dat was het enige. Toch?'

'Maar je bent hier niet met Jim!' Zijn stem slaat over. 'Jim is hier al een uur, terwijl jij god weet waar rondzwierf door een pikdonkere stad. Zonder dat iemand je kon bereiken. Ik dacht dat je verdwaald was, of vermoord of verkracht of in élk geval in stukjes gehakt.'

'Ik ben er nu toch?' zeg ik stug. En tegelijkertijd denk ik: hij zat hier op me te wachten. In de kou. In het donker. Hij maakte zich zorgen. Niet om een meisje dat eruitziet als een cheerleader, maar om *mij*.

'Emilia!' Abby straalt als ik binnenkom. 'We hebben kaarsen gekregen van Bridget en nu heb ik het hier megagezellig gemaakt.'

Ik kijk de kamer rond en hoor dat liedje van het vrolijke park weer in mijn hoofd: *It's beginning to look a lot like Christmas...* Het appartement is nog niet helemaal afgekoeld, dus vergeleken met buiten is het warm. Het ruikt naar sinaasappel en overal branden waxinelichtjes: in de vensterbank, op het hoge aanrecht, voor de antieke spiegel.

'Halleluja!' roept Jim vanaf de bank. 'De Hollandse atheïst is nog in leven. We hadden Seth maar naar buiten gestuurd, want die arme jongen híéld het niet meer.'

Ik laat me naast hem op de bank vallen. Mijn benen zijn uitgeput van al het lopen.

'En? Heeft het ziekenhuis je vinger eraf getrokken?'

Hij knikt. 'Volgens mijn berekening heb ik er nu nog maar acht.' Hij pakt een rechthoekig, kartonnen doosje van de grond. 'Ik heb een cadeautje voor je meegenomen.'

Bij het flikkerende kaarslicht lees ik het opschrift: *Single-use medical rubber examination gloves*. Honderd paar wegwerphandschoenen.

'Voor de freak,' zegt hij zacht. 'Handig toch, nu we geen water meer hebben? Kun je honderd keer plassen of in je neus peuteren zonder vieze handen te krijgen.'

Ik denk eerst dat hij een grap maakt. Dat hij me belachelijk wil maken, zoals ze op school doen. Maar hij lacht niet.

'Kon je die kopen in het ziekenhuis?'

'Laten we zeggen: ze stonden daar. En ik dacht: niemand kan die dingen beter gebruiken dan *Eemielia*. Toch?'

Ik knik verbaasd. De filmster kan dus ook gewoon aardig zijn.

Seth heeft bedacht dat er nog heel veel eten in de vriezer in de kelder ligt. Al dat eten is natuurlijk aan het ontdooien, dus morgen of de dag erna kunnen we het weggooien. Maar op dit moment is het nog ijskoud in de grote kist. Onze eerste echte orkaanmaaltijd wordt dus een vijfgangendiner.

Aan een tafel vol waxinelichtjes eten we tomatensoep en hamburgers en maïskolven en *meatloaf* en *pancakes* met heel veel stroop. En daarna maakt Jim glühwein zodat we extra warm worden voordat we naar onze koude bedden moeten. In een grote pan mengt hij een fles rode wijn met fruit uit de diepvries, kaneelstokjes, steranijs, kruidnagels en een paar grote scheppen suiker.

'Ik mag eigenlijk geen wijn van mama,' zegt Abby. Ze kijkt in de pan terwijl Jim aan het roeren is.

'Ik maak het warm,' zegt hij, 'en dan verdampt de alcohol. Echt, ik weet wat ik doe. Mijn oma maakt de beste glühwein van heel Michigan.'

Ik sta dicht naast hem aan de andere kant, want het is geruststellend warm bij het fornuis. Ik weet eigenlijk helemaal niet of ik alcohol mag. Met mijn vader praat ik over het heelal en over priemgetallen. Met mijn moeder praat ik over kunst. Over alcohol, condooms, sigaretten en drugs hebben we het niet.

We hebben trouwens ook nooit besproken dat het ongewenst is om sms'jes te sturen aan minderjarige leerlingen.

Had ik toch meer voorlichting moeten geven.

'Klaar!' roept Jim.

Ik vraag me af of hij de wijn wel goed heeft laten doorkoken, maar ik zeg niks. Ik help hem met het vullen van vier mokken en breng ze naar de bank. Buiten is het onheilspellend stil. Er rijden geen auto's en er zijn geen mensen op straat. Het voelt alsof de poolnacht is begonnen.

Abby en ik gaan naast Jim op de bank zitten, Seth neemt een stoel tegenover ons. Hij vindt dat we te veel aandacht aan de filmster besteden, dat merk ik best. Maar kan ik er wat aan doen dat Jim recepten van zijn oma krijgt? En dat hij nu al een paar uur zo aardig doet dat ik gewoon met hem durf te praten? Mijn knieën vergeten soms een heel kwartier dat ze moeten knikken.

Voorzichtig neem ik een slokje van de wijn. Het brouwsel is kruidig zoet en bitter tegelijk. Ik voel hoe de warmte door mijn keel glijdt en zich door mijn lichaam verspreidt.

'Wow,' zeg ik, 'dit is lekker.'

Ik neem nog een slok en Abby doet hetzelfde. Haar ogen beginnen te glinsteren.

'Wow, dit is echt *fucking* lekker!'

Seth kijkt geschokt naar zijn zusje.

'Wat nou?' vraagt Abby uitdagend. Ze neemt vlug nog een slok. 'Jim zegt de hele tijd *fuck*.'

'Mensen zeggen zoveel.' Seth fronst zijn wenkbrauwen. 'Maar jij hoeft toch niet alles te herhalen wat een *high school drop-out* bazelt? Jij bent toch slim genoeg om een ander woord te verzinnen?'

Jim blijft bewonderenswaardig kalm.

'Heb je soms iets tegen neuken?' vraagt hij vriendelijk aan Seth.

'Mijn zusje is negen!'

'Nou en? Ze weet echt wel wat neuken is. En er is toch niks mis mee?' Jim houdt zijn hoofd scheef. 'Maar misschien voel jíj je ongemakkelijk bij het woord? Omdat je je zorgen maakt?

Omdat je met dat zielige, magere lijf nog nooit lekker...'

'Ieuw!' roep ik hard. Ik houd mijn handen voor mijn oren en schud mijn hoofd. 'Ik wil dit niet horen. Ik ben juist een hele oceaan over gevlogen om te ontsnáppen aan dit soort smerigheid!'

Tot mijn verbazing blijven ze stil. Ik heb alleen geen rekening gehouden met de negenjarige.

'Weet je,' zegt Abby ernstig, 'eigenlijk snap ik het niet helemaal. Dat *neuken*, bedoel ik. Ik weet dat de man met zijn piemel in de vrouw moet. Maar in het zwembad heb ik een keer per ongeluk de piemel van Jeremy Jones gezien en dat was echt zo'n raar wurmpje – dat kun je toch nergens in steken?'

Ze kijkt ons verwachtingsvol aan. Ze is het stoerste meisje dat ik ken en ze kan een hele orkaan aan, maar ze zit pas in groep zes. Ik zie haar spitse gezicht en haar glanzende ogen en wil haar adopteren. Ik wil ervoor zorgen dat ze nooit per ongeluk porno hoeft te zien en nooit in stomme meidenbladen over vieze erecties leest en dat niemand haar vertelt over meisjes die zich voor de webcam uitkleden om te laten zien hoeveel ze van hun vriendje houden.

Ik neem achter elkaar drie grote slokken wijn en voel de warmte tintelen.

'Ik heb geen idee,' zeg ik. 'Ik ben niet van plan om ooit zo'n smerig wurmpje ergens in te laten komen. Maar misschien dat Jim of je broer vanaf hun apenrots kunnen uitleggen...'

'Sorry,' zegt Seth meteen. 'Je hebt van Jim al gehoord dat ik er niks van af weet.'

We kijken nu allemaal naar Jim.

'Dus?' vraagt Abby. 'Hoe werkt het nou? Als je de hele tijd *fuck* zegt, dan weet je toch wel hoe het moet?'

Hij kijkt naar de grond. Ik zie dat hij eindelijk doorheeft wat *negen jaar oud* eigenlijk betekent.

Hij zucht en schudt zijn hoofd. 'Het is een groot mysterie voor ons allemaal.'

30

We hebben nog een pan glühwein gemaakt en nu spelen we *crazy eights* met een oud kaartspel van Seth. We verzinnen er steeds meer regels bij en beginnen steeds harder te schreeuwen. Normaal vind ik kaarten niet leuk, maar in het donker met kaarsen en koude pannenkoeken en glühwein is het geweldig.

Midden in een potje, terwijl we half de slappe lach hebben, kijkt Abby opeens naar Seth.

'Nu weet ik het weer! Dit speelden we ook altijd met papa. Ik was er eigenlijk te klein voor. Maar omdat ik de regels niet snapte, konden jullie me laten winnen.'

'Mama vond dat niet pedagogisch,' zegt Seth. 'Zij vond dat je moest leren om tegen je verlies te kunnen.'

Abby knikt. 'En dan liet papa me tóch weer winnen.'

'Hij zei dat verliezen later wel zou komen. Als je ouder zou zijn.'

De slappe lach is plotseling voorbij. Bij mij ook. De wijn zwiert nu zwijgend door mijn aderen. Ik heb me nog nooit zo gevoeld. Alsof ik echt pas veertien ben. Alsof alles mogelijk is en het pas net begint. En opeens durf ik het te vragen.

'Hoe is hij eigenlijk doodgegaan?'

Misschien willen ze het niet vertellen. Maar ik vind het nog erger om het niet te vragen.

'Auto-ongeluk.' Seth kijkt me niet aan. 'Zijn auto kwam in het water en hij kon er niet op tijd uit komen.'

Het is heel stil. En dan voel ik Abby naast me bewegen.

'Dat weten we niet zeker.'

In het kaarslicht ziet Seths gezicht eruit als een masker. 'Je hebt geen idee waar je het over hebt,' zegt hij zacht.

'Echt wel.' Abby steekt haar kin in de lucht. 'Niemand weet of het een ongeluk was. Jij ook niet.'

In drie stappen is Seth bij de bank. 'Als mama ooit hoort dat je...' Hij wil haar vastpakken, maar ik sla een arm om haar heen.

'Bemoei je er niet mee!' schreeuwt hij tegen mij. 'Ze is míjn zusje.'

Ik blijf haar vasthouden en Seth klemt zijn kaken op elkaar. In de halfdonkere kamer ziet hij eruit als een zombie die twee jaar onder de grond heeft gelegen en nu ontsnapt is.

'Ze liegt,' zegt hij schor. 'Als jullie dat maar onthouden. Abby liegt.'

Hij draait zich om en loopt weg. Ik hoor de deur van zijn kamer dichtslaan. En dan is het stil.

Abby huilt niet als een klein meisje. Haar gezicht vertrekt nauwelijks, er rollen gewoon tranen over haar wangen. Ze staart naar de waxinelichtjes in het raam. Ik geef haar een tissue, maar ze merkt het niet. Ik druk mijn nagels in mijn handpalm en wacht af.

'Was het zelfmoord?' vraagt Jim opeens.

Ik voel een schok door mijn lichaam gaan. Ik wilde dat hij zijn mond had gehouden en tegelijkertijd hoop ik dat Abby antwoord geeft.

Ik zie haar slikken. Ze veegt over haar wang en dan haalt ze haar schouders op.

'We weten het niet. We weten het echt niet.'

Uit de kamer van Seth komt het krakende geluid van de transistorradio. Ik ben meteen nog bozer op hem. Hij mag helemaal niet in zijn eentje naar de radio luisteren – op maximaal volume nog wel. Zo gaan de batterijen veel te snel op.

'Ik was zeven,' zegt Abby, 'dus niemand vertelde me iets. Alleen dat hij er niet meer was. En dat hij midden in de nacht met zijn auto in het water was gekomen. Een ongeluk, zeiden ze.'

'Dat kan toch ook?' vraag ik zacht.

Ze knikt. 'Het kan. Maar er zijn dingen *raar*.'

'Wat voor dingen?' vraagt Jim.

'Papa had zijn gordel nog om. Als je met je auto in het water komt, dan probeer je er toch uit te komen? Dan maak je toch in elk geval je gordel los?'

'Misschien was hij bewusteloos,' zeg ik. 'Van de klap, toen de auto het water raakte.'

Ze staat op. Van een afstand kijkt ze naar me.

'Jij bent net als mama en Seth.' Ze veegt snot van haar bovenlip. 'Nu mag ik er helemaal niet meer over praten. Maar de eerste maanden, als ik dan iets vroeg, dan was het steeds: het was een ongeluk. We hebben geen idee hoe hij van een doodstille weg opeens in het water kwam, maar natúúrlijk deed hij het niet expres. Wij snappen ook niet waarom hij daar eigenlijk reed en waarom hij zijn telefoon thuis had gelaten, maar het was een ongeluk. Een ongeluk. Een ongeluk.'

Ze ziet er doodmoe uit.

'Maar is het dan niet fijner...' Ik aarzel. 'Heb jij ook niet liever dat het een ongeluk was?'

'Duh,' roept ze, 'natuurlijk! Maar dit kun je niet *kiezen*. Ik wil weten hoe het écht ging. Want er was iets met papa. Al eerder, bedoel ik. Hij wilde nooit meer meedoen. Maar daar wil mama dus ook niks over zeggen.' Ze huilt weer. 'Ik wil er gewoon over kunnen práten. Dat ze dan niet boos worden...'

Ik sta op en sla mijn armen om haar heen. 'Dat snap ik,' fluister ik. 'Dat snap ik.'

Als Abby in slaap valt, dragen Jim en ik haar samen naar het grote bed. We aaien over haar wang en sluipen de kamer weer uit. Jim schept de laatste glühwein in onze mokken.

'Misschien moet je hem de volgende keer toch even laten doorkoken,' fluister ik.

'Dat lijkt me wel verstandig.' Hij valt neer op de bank. 'Wow. Dus dat was de samenvatting van het Joodse gezin.'

'Zijn ze Joods?' vraag ik verbaasd.

'Duh,' zegt hij, alsof hij een meisje van negen is.

Ik geef geen antwoord. In Nederland is het niet iets waar ik ooit over nadenk. Of mensen Joods zijn of niet. Ik weet natuurlijk wat er in de Tweede Wereldoorlog is gebeurd. Maar misschien wel juist daardóór. Gewoon bedenken of iemand Joods is, dat voelt al fout.

'Fuck,' zegt Jim. 'O nee, dat ging ik niet meer zeggen.' Hij zucht. 'Ik dacht dat míjn familie klote was. Maar dit...'

Ik drink mijn beker in één keer leeg. De vruchten laat ik staan. 'Ik moet naar Seth toe.'

Jim kijkt me aan bij het licht van de laatste kaarsen. 'Wil je dat ik meega?'

Ik schud mijn hoofd.

'Oké, dan ga ik pitten. Kun je me die deken aangeven?'

Ik maak het doosje met rubber handschoenen open, trek de eerste twee aan en geef hem de oude, stoffige deken.

'Freak,' zegt hij zacht.

'Slaap lekker,' zeg ik even zacht terug.

Hij doet zijn ogen dicht en ik blijf nog heel even staan. De kaarsen flakkeren en ik merk dat er iets veranderd is. Natuurlijk zie ik nog steeds hoe knap hij is. Maar het voelt niet meer alsof ik naar een billboard kijk. Ik zie hém nu. Jim. Een jongen die ik ken.

31

Als ik de kamer van Seth binnenkom, weet ik niet of hij nog wakker is. De krakende stemmen van de radio vullen het pikdonkere hokje.

'Seth?' vraag ik. 'Wacht, ik haal mijn telefoon...'

'Nee!' Zijn stem klinkt dik. 'Laat me met rust.'

'Doe dan in elk geval die radio uit! Straks zijn de batterijen leeg en zitten we hier helemáál gevangen.'

Ik wacht in de deuropening. En dan is het geluid opeens weg.

'Wat...' begin ik, maar ik weet niet hoe het verder moet. Ik trek de handschoenen uit en stop ze in mijn zak. 'Heb je je tante nog gesproken?'

Hij zucht. 'Mijn oom. Ze zijn in leven, maar het halve huis staat onder water en de auto is verdronken. Mijn oom kon in een propvolle pick-up meerijden naar JFK Airport. Daar was bereik en konden ze allemaal even bellen, en na een half uur keerde de auto om zodat andere mensen ook nog op en neer konden naar het vliegveld.'

'Jezus,' zeg ik zacht. 'Dat dit New York is. Niet Somalië of Honduras of India, maar *Amerika*.'

Normaal, als je ogen een tijdje aan het donker mogen wennen, dan zie je wel iets. Maar zonder maan, zonder straatlantaarns in de verte en zonder apparaten op stand-by zie je echt niets. Hoe lang je ook in het donker bent, je blijft blind.

'Waar zit je eigenlijk?'

'Op mijn bed.'

Terwijl ik op de tast naar hem toe loop, denk ik aan het

schilderij van Picasso dat ik nu niet kan zien. De vrouw met twee gezichten.

'*Whoh!*' roept Seth opeens. 'Nog één stap en je zit met je hand in mijn kruis.'

Zonder dat ik het wil, moet ik giechelen. 'Hier, kan ik hier zitten?'

Het is stil.

'Ik knikte,' zegt Seth dan.

'Oké.' Ik ga met mijn rug tegen de koude muur zitten en opeens ben ik rustig. 'Nu wil ik het horen. Doe het deurtje van de capsule maar open.'

'Serieus? Heeft Abby dat aan je verteld?'

'Dat je moeder en jij in een tijdcapsule zitten? Ja. En weet je wat? Ze heeft gelijk. Ik zie je zitten door het raampje. Het is een soort duikboot, maar dan zonder water. Wij – de rest van de wereld – wij vliegen steeds verder van je weg. En jij blijft hangen. In je boot.'

'Ik werk met computers, Emilia. Met enen en nullen. Ik doe niet aan rondvliegende duikboten zonder water. Wat een *crap*.'

'Oké dan.' Ik bal mijn vuisten. Niet achter mijn rug, maar gewoon in mijn schoot. Het is toch donker. 'Vertel het dan. Nul of één? Was het een ongeluk of zelfmoord?'

De matras beweegt heftig. Ik hoor een sirene in de verte en vlak naast me een stomp tegen de muur. En dan niks meer.

'Wat wil je nou?' vraagt hij schor. 'Ik zei al dat het een ongeluk was. Ik blijf jou toch ook niet lastigvallen over je vader? Jij hebt je verhaal verteld. En ik geloof je.'

Ik leun met mijn hoofd tegen de muur. Ik adem het donker in, en zijn adem, en het stof van jaren. Hoe lang geleden zou hij dat dinosaurusmodel in elkaar hebben gezet? Wanneer kreeg hij die poster van Picasso?

'*Christ*,' roept hij, 'je snapt het niet! Bij computers zijn het altijd enen en nullen. Maar in het echt werkt het niet zo. Soms weet je gewoon niet of iets een één of een nul is. En soms zit het ertussenin...'

Ik houd mijn mond, want ik zou vast het verkeerde zeggen. De wijn zweeft nog steeds door mijn lichaam. Of misschien is het anders. Misschien zit ik samen met Seth in zijn capsule en zweven we rond door de tijd. Dan kunnen we makkelijk terug naar een jaar geleden, toen mijn vader nog geen sms'jes stuurde. Of terug naar twee jaar geleden, toen zijn vader nog leefde...

'Oké,' zegt hij, 'luister.' Hij klinkt opeens vastbesloten. 'We weten niet of het een ongeluk was. We weten het gewoon niet. Maandenlang hoopte ik dat we erachter zouden komen. Ik kon aan niets anders denken. Elke dag wachtte ik op de post omdat ik hoopte dat mijn vader een afscheidsbrief had gestuurd. Eentje die was kwijtgeraakt, maar die toch nog bezorgd zou worden. En tegelijkertijd hoopte ik dat iemand zou zeggen: ik heb het gezien die nacht, hij moest uitwijken voor een hond en daarom kwam hij in het water terecht.'

Het duurt een tijd voordat hij doorgaat.

'Maar er kwam niks. Geen brief, geen getuige. Geen geheim dagboek, geen reden waarom hij die avond daar moest rijden. En dat is het dus. We zullen er nooit achter komen. We weten het niet.'

'Maar Abby dan...' Mijn handen trillen. Ik laat ze gaan in het duister. 'Waarom mag ze er niet over praten?'

'Dat hebben we nooit gezegd. Maar we werden gék van haar vragen. En als je mag kiezen wat het was... Dan kies je toch voor een ongeluk? Dat is wat mama aan iedereen verteld heeft. En dat is wat ze op school weten.'

Ik heb mijn ogen nog steeds open. Ik weet ook niet waarom, want er is niks te zien. Maar ik blijf ze openhouden. Ik blijf kijken. Ik probeer het te zien.

'Als je mag kiezen,' zeg ik, 'dan kies je een ongeluk. Dat snap ik. Maar wat dénk je? Wat denk je zelf dat er gebeurd is?'

Het duurt lichtjaren voordat hij antwoord geeft. Zijn woorden moeten van de andere kant van het heelal komen.

'Ik denk,' zegt hij zacht, 'dat het misschien wel iets ertussenin was. Tussen één en nul in. Ik kan niet geloven dat hij echt het plan had om ons achter te laten. Dan had hij in elk geval een brief geschreven. Dan had hij afscheid genomen. Maar ik kan me voorstellen...' Hij schraapt zijn keel. 'Dat hij het opeens gewoon dééd. Het stuur omgooien. Zijn gordel vast laten zitten. En toen hij eindelijk merkte dat hij écht aan het verdrinken was, en toen hij bedacht dat hij ons dan nooit meer zou zien – toen was het te laat.'

32

Op woensdagmorgen ontbijt ik met tortillachips. Ik draag rubber handschoenen terwijl ik de chips uit de zak haal en Abby doet me giechelend na. Ik heb hoofdpijn en vraag me af of dit de eerste kater van mijn leven is.

'Vast,' zegt Seth somber. Hij ziet er grauw uit en wil niks eten.

'Je moet het aan Abby vertellen!' fluister ik zodra we even alleen zijn. 'Dat over de enen en nullen – wat je gisteren tegen mij zei. Dat wil ze horen.'

'Dat onze vader misschien zelfmoord heeft gepleegd?' vraagt hij. 'Dat wil mijn zusje van negen horen?'

Ik knik. 'Ze weet het allang. Maar ze wil van jou horen dat ze niet gek is.'

En dan komt Abby de badkamer uit.

'Het is Halloween, dus we moeten ons verkleden!' Haar ogen zijn rood en er zitten dikke kussentjes onder, maar ze lacht naar ons alsof ze niets liever wil dan feestvieren.

'Ik heb geen enge kleren,' zeg ik.

'Maar wij hebben een verkleedkist!'

Een uur later vertrekken we met twee rugzakken vol kostuums. We hebben bedacht dat we uptown bij Bridget gaan douchen en dat we ons daarna verkleden. Zodat we tenminste schóne zombies zullen zijn.

Zwijgend beginnen we weer aan onze tocht naar het noorden. We weten het nu wel. De lucht is nog steeds grijs en het is doodstil in ons deel van de stad. De stoplichten doen het niet, de winkels zijn dicht, iedereen is somber. We sjokken voort totdat onze telefoons beginnen te piepen.

En dan krijg ik de schrik van mijn leven.

Mijn vader sms't dat hij een vlucht heeft kunnen krijgen en dat hij vanavond in Amerika landt. De sms is te kort voor alle details, dus ik snap niet waar hij nou precies naartoe vliegt en hoe lang hij dan nog met een taxi moet en hoe duur het allemaal was. Maar één ding begrijp ik wel: hij komt niet alleen.

Mijn moeder komt mee naar New York.

Ze heeft al twintig jaar niet gevlogen, omdat ze ervan overtuigd is dat vliegtuigen onnatuurlijk en dodelijk zijn. Welke fantastische aanbiedingen ze ook kreeg van musea in Azië en Amerika en Australië, mijn moeder zei altijd *nee*. En nu, twee dagen na Sandy, terwijl de stad in puin ligt, stapt ze op het vliegtuig naar New York. The Museum of Modern Art en The Guggenheim konden haar niet overtuigen. Maar ik wel.

Ik leg mijn hoofd in mijn nek en begin te lachen.

'Bridget is niet thuis!' hoor ik Abby ongerust roepen. 'En ze komt vanavond pas heel laat uit haar werk...'

Ik houd op met lachen.

'Nou ja.' Seth haalt zijn schouders op. 'Dan kunnen we dus niet bij haar douchen. Dan gaan we wel naar een *diner* en verkleden we ons op de wc.'

'Maar ik wil eerst douchen!' roept Abby.

Ik kijk verbaasd naar haar.

Haar vingers bewegen zenuwachtig. 'Ik ga me echt niet verkleden voordat ik schoon ben. Weet je wel hoeveel bacteriën er op je vel leven?'

Ik bijt op mijn lip en zeg niks.

'Honderdvijftig verschillende bacteriën zitten er op je handen,' roept Abby schel. 'Emilia weet het precies. Daarom moet je ook handschoenen aan als je gaat eten! Als ik nu niet kan douchen, dan word ik ziek.' Ze kijkt naar mij. Haar onderlip trilt. 'Emilia, vertel ze dan hoe vies ik ben!'

Het is alsof ik nagels over een schoolbord hoor krassen.

Elke cel in mijn lichaam heeft kippenvel. Ik zie de jongens naar me kijken.

Seth slaat een arm om Abby's schouder. 'Ik denk dat...'

'Niet doen,' roept ze boos. 'Jij bent ook vies!'

De nagels krassen door en ik weet dat ik iets moet doen. Dit moet stoppen.

'Abby, luister.' Ik ben een beetje buiten adem. 'Alles wat ik over bacteriën vertelde... dat is waar. Maar... *het maakt niet uit.*' Ik probeer me te herinneren wat die stompzinnige psycholoog vorig jaar allemaal tegen me zei. 'Mensen kunnen prima tegen bacteriën. Je wordt niet ziek als je een paar dagen niet doucht. Je gaat misschien een beetje stinken, maar dat is niet zo erg – zeker nu niet, na Sandy.'

'Dat slaat nergens op,' zegt ze boos. 'Waarom was jij dan steeds je handen? Waarom mocht mijn knuffelkonijn niet in je tas?'

Ik weet dat Seth en Jim naar me kijken. Ik voel hun ogen, maar die moet ik vergeten. Dit gaat om Abby.

'Sommige mensen,' zeg ik, 'zijn bang voor muizen. Anderen hebben hoogtevrees. Weer andere mensen zijn bang voor het donker. Nou, dat heb ik toevallig met bacteriën. Maar als jij van een vriendin hoort dat ze niet op het Empire State Building durft, ga jij dan ook nooit meer naar boven?'

Abby schudt haar hoofd. 'Ik hou van hoge gebouwen!'

'Precies. En daarom kun je dus ook prima een zombie worden zonder te douchen.'

'Echt?'

Ik knik.

'En jij dan?' vraagt ze. 'Ga jij je ook verkleden zonder te douchen?'

Nagels die mijn buik vanbinnen openkrabben. Scherp als messen snijden ze door mijn vlees. Langzaam rijten ze...

'Natuurlijk,' zeg ik opgewekt. 'Waarom niet?'

33

Vandaag schittert uptown alsof er nooit een orkaan is geweest. Tien minuten lang zijn we blij dat alle winkels weer open zijn, maar dan houdt het op. Want nu voelen we pas echt dat we *dark people* zijn. Wij ontbijten met chips en moeten wijn drinken om warm te blijven. Wij dolen rond op zoek naar stopcontacten en wifi, en de rest van de wereld snapt er niks van.

'Stomme toeristen,' zeg ik boos. 'Ze doen niks anders dan eten en foto's maken en souvenirs kopen. Weten ze niet dat er doden zijn gevallen?'

'Natuurlijk weten ze dat,' zegt Jim. 'Maar dit is wat mensen doen. Ze eten en fotograferen en kopen terwijl er doden vallen.' Hij kijkt naar mij. 'Denk jij elke dag aan alle mensen die doodgaan?'

'Nee, maar...'

'Ik wel!' zegt Abby. 'Er is zo'n website die bijhoudt hoeveel mensen er worden geboren en hoeveel er doodgaan. Je ziet die teller echt megasnel oplopen. In de tijd dat ik een bagel eet, gaan er elke keer 392 mensen dood.'

Seth kijkt streng naar zijn zusje. 'Van mama mocht je niet meer op die website komen.'

'Maar er staan helemaal geen blote mensen op! Ik mag toch best naar bewegende cijfers kijken?'

'Je kreeg er nachtmerries van.'

We lopen tussen grijze wolkenkrabbers met spiegelende ramen en ik denk aan mijn vader. Mijn hersens zijn echt in de war zo langzamerhand. Ik hoef maar te horen: een website met blote mensen – en ik denk aan mijn vader.

Over een paar uur landen mijn ouders in deze stad. Ik heb ge-sms't dat ik morgen pas met ze wil afspreken; op Halloween heb ik echt wel wat beters te doen. Ze hebben geen idee waar ik logeer en in het zwarte deel van de stad ben ik volstrekt onbereikbaar, dus de komende uren ben ik nog de baas.

En dan verander ik morgen weer in hun minderjarige dochter.

Ik word misselijk als ik eraan denk.

In New York A.S. – dat betekent *After Sandy* – boeien attracties en beroemde plaatsen me niet meer. Als de tempelachtige bibliotheek op Fifth Avenue nog steeds dicht blijkt te zijn, ben ik kwaad. Seth had beloofd dat hier wifi zou zijn. Geërgerd kijk ik naar de stenen leeuwen voor de deur. Jazeker, die beesten liggen daar prachtig. En inderdaad, ik ken ze uit minstens vijftien films. Maar in al die films hadden de hoofdpersonen schone oksels en mochten ze poepen op hun eigen wc.

In het monumentale treinstation vinden we eindelijk een paar openbare stopcontacten. Ze zitten laag bij de grond in een ijskoude, winderige gang naast de perrons, maar dat kan ons niet schelen. We gaan er gulzig in.

'Ik wil een reisgids schrijven,' roep ik naar Abby, die vijf meter verderop bij het volgende stopcontact zit. '*Op stap met een stekker: de honderd beste stopcontacten van New York*.'

'Die koop ik meteen!' roept Seth vanaf de andere kant.

'En ik ga een film maken,' schreeuwt Jim tien meter verderop, 'over stekkers die in stopcontacten gaan. Mensen uit de *City of Darkness* zien op dit moment niets liever dan apparaten die opgeladen worden.'

Abby giechelt. 'Die film mag ik vast niet zien van mama.'

Jim zwaait enthousiast met zijn telefoon. 'Soms gaan er zelfs twee stekkers tegelijk in een stopcontact! Soms worden er vijf telefoons naast elkaar opgeladen. En een andere keer is de batterij echt súpersnel vol...'

'Genoeg!' roept Seth lachend.

We zwerven verder. Langs winkels met diamanten, chocoladefonteinen en kraampjes met gepofte kastanjes – en dan vinden we eindelijk de plaats die in *Op stap met een stekker* goudomrand op nummer één zal staan.

Noteer voor noodgevallen: boekwinkel Barnes & Noble op Fifth Avenue, tussen de 45ste en de 46ste straat. Compleet met Starbucks, zodat er muffins en bekers koffie te koop zijn. Goed werkende wifi. Een gratis wc met een speciaal kraantje om water uit te drinken. Genoeg boeken voor jaren. *Warmte.*

In een leeg gangpad zakken we neer op het harde tapijt. We doen onze mutsen af, pakken onze telefoons en besluiten te blijven. De mensen van de boekwinkel laten ons met rust en om ons heen verzamelen zich steeds meer *dark people* die net als wij wanhopig willen weten hoe het gaat met de wereld om ons heen.

Tot mijn eigen verbazing bekijk ik niet eens of ze nog over mijn vader praten op internet. Het kan me vandaag gewoon niet schelen. Waarom zou ik lezen wat al die wildvreemde idioten te verkondigen hebben? Ik heb wel wat beters te doen. Ik moet weten wanneer de metro weer gaat rijden. Of het waar is dat het drinkwater vervuild is. En op hoeveel doden de teller nu staat.

'Ik heb een plan.' Seth schraapt zijn keel. We zijn zo lang stil geweest dat ik bijna vergeten was dat er mensen om me heen zitten. 'Met z'n vieren kunnen we best door het donker terug naar huis lopen. Dus vandaag gaan we uit eten in het licht.'

'Ik vind het een superplan,' zegt Jim meteen. 'Maar ik kan niet mee. Ik heb geen geld.'

Ik haal mijn schouders op. 'Ik wil best voor je betalen, hoor.'

'Nee,' zegt Seth streng, 'jij betaalt al genoeg. Je hebt de hele orkaanvoorraad gekocht en net heb je alweer koffie en muffins gehaald. Nu ben ik aan de beurt. Ik betaal vanavond.'

'Maar je koopt nooit iets van je spaargeld,' roept Abby geschokt. 'Anders kun je straks niet naar de universiteit!'

Eindelijk begrijp ik waarom Seth zijn bijbaan zo serieus neemt. Het is hier heel anders dan in Nederland. Amerikaanse universiteiten kosten een fortuin, en Seth en Abby hebben alleen nog maar een moeder. Die moeder zal echt niet zo veel verdienen als kleuterjuf.

Abby kijkt bezorgd. 'Seth, je ging toch ook voor mij sparen? Zodat ik dokter kan worden terwijl dat megaduur is? Ik weet wel dat ik ging leren waarzeggen zodat ik geld kan verdienen op Washington Square, maar het lukt gewoon niet. De dingen die ik voorspel gebeuren nooit.'

'Ik spaar ook voor jou,' zegt haar broer ernstig. 'Maar we hebben nog even. We mogen best een keer uit eten.'

Ze begint te lachen. 'Oké, als ik later chirurg ben, dan betaal ik alles terug. Met rente. En heel veel cadeautjes!'

Jim en ik doen maar even alsof we niet bestaan. Al die grootse plannen maken ons piepklein. Ik heb geen idee wat ik later wil gaan studeren. Gewoon, iets. En Jim heeft dus niet eens zijn school afgemaakt. Volgende week moet zijn vinger geopereerd worden en daarna kan hij maandenlang niet werken. Dan is hij straatarm, gewond en alleen in de duurste stad ter wereld...

'Jim, kom!' Abby klinkt alsof ze haar lievelingshond roept. 'We moeten ons verkleden voor het eten. Ik zal je helpen met je kostuum.'

Als Jim al op weg is met de rugzakken, buigt Abby zich nog even naar mij.

'Ik ga later met hem trouwen,' fluistert ze. 'Dan mag hij de hele dag op de bank liggen en over de crisis praten en dan verdien ik heel veel geld voor ons samen.'

Ze huppelt achter hem aan de winkel door en ik kijk haar na. Ik wilde dat ík nog steeds negen was.

Ik zucht en pak het flesje antibacteriële gel uit mijn tas.

'Emilia,' zegt Seth zacht, 'je hoeft je niet te verkleden als je geen zin hebt.'

Hij kijkt weer naar me alsof ik die vrouw van Picasso ben. Alsof hij mijn voorkant en mijn zijkant tegelijkertijd kan zien. Het voelt ongemakkelijk. Waarom zou iemand zo uitgebreid naar me kijken?

'Doe toch niet zo begripvol de hele tijd!'

'Hoe bedoel je?' vraagt hij verbaasd.

'Je doet de hele tijd zo aardig. Alsof je me *begrijpt*. Maar je bent vijftien. En je bent een jongen. Doe gewoon wat botter!'

Zijn donkere ogen kijken naar me alsof ik een alien ben. Geen normale huis-tuin-en-keukenalien, maar een gestoorde. 'Je vindt dat ik te aardig doe? En je vertelt me nu dat ik mínder aardig moet doen?'

'Ja!' Ik weet al niet meer wat ik hem probeer te vertellen. Maar het lijkt me het beste om nu maar door te gaan. 'Meisjes vinden het echt niet leuk als je ze de hele tijd begrijpt.'

'Maar ik dacht juist...'

'Hou daar dan mee op! Stop met nadenken. Stop met eten voor me te betalen en stop met aardig doen tegen mij. Dat hou je toch niet vol. Geloof me, ik weet hoe het gaat. Hoe beter mensen me kennen, hoe stommer ze me vinden. Bespaar jezelf de moeite!'

Zonder op zijn antwoord te wachten, sta ik op en loop ik naar de wc's.

'Abby!' roep ik naar de dichte deuren. 'Heb je mijn kleren daar?'

'Wacht even...' Ze giechelt. 'Ik ben nu even met Jim bezig.'

Daar moet je dus ook negen voor zijn. Om in een openbare wc te gillen dat je met een jongen bezig bent. En je moet Jim zijn om daar keihard om te lachen, zodat alle wachtende vrouwen je horen.

Even later sta ik in het nauwe hokje met het poezenkostuum in mijn handen. Een panty, een kort zwart jurkje met een bontrandje, een lange fluwelen staart en een diadeem met puntoren.

Ik had plastic handschoenen aan toen ik het kostuum uit de verkleedkist haalde en ik weet zeker dat die staart nog door dinosaurussen is gedragen. Ik klem mijn handen om de diadeem en probeer te denken aan alle wijze psychologendingen die ik Abby net op straat vertelde.

Het werkt niet. Ik voel de paniek alweer.

Maar dan denk ik aan het ernstige gezicht van Seth. Ik herinner me hoe bezorgd hij net naar me keek. Jim maakt grapjes over mijn vader en steelt handschoenen voor me zodat ik in mijn neus kan peuteren. Maar Seth neemt me serieus. En dat niet alleen – hij heeft medelijden met me. Hij zegt het niet, maar ik weet dat het zo is. Waarom zou hij anders zo aardig doen?

Echt. Een jongen die los van alles door de ruimte zweeft, heeft *medelijden* met me.

Ik trek mijn trui en T-shirt in één keer over mijn hoofd.

34

Ik geloof dat we allemaal grijnzen als we de boekwinkel uit komen. Abby is een doodenge zombie met een rafelige jurk vol bloedspatten, haar dat recht overeind staat en een spierwit gezicht. Seth draagt een zwarte trui met een geraamte erop en handschoenen met witte handbotjes. En ik ben een *best wel* sexy kat, al zeg ik het zelf.

Maar dat iedereen blijft staan alsof ze door de bliksem van Benjamin Franklin zijn getroffen, dat komt door Jim.

Hij draagt een paarse fladderjurk die eigenlijk te klein voor hem is en een zwarte punthoed. Zijn gezicht is gifgroen geschminkt en hij heeft een warrige pruik met lang, zwart haar op. Het effect is overrompelend. Na tweehonderd meter heeft hij vijf toeristen de slappe lach bezorgd en drie kinderen aan het huilen gemaakt.

Als we langs een politieagent komen, kijk ik hem recht aan. Met mijn nieuwe haar en mijn poezenkostuum ben ik volstrekt iemand anders. Ik denk dat ik me nog nooit van mijn leven zo *niet Emilia* heb gevoeld. We hebben het allemaal koud zonder jas, maar we willen dat mensen onze kostuums kunnen zien. We lopen naast elkaar over de brede stoep en iedereen gaat voor ons opzij. Het voelt alsof we een boyband zijn, of die vier vrouwen uit *Sex and the City*.

Ik bedoel gewoon: vier mensen die wereldberoemd zijn. En die bij elkaar horen.

Seth neemt ons mee naar een ultramodern restaurant in een drukke straat. Hij doet opeens stoer en helemaal niet begripvol.

'Geef de menu's maar aan mij,' zegt hij kortaf. 'Ik beslis wat we gaan eten.'

Ik heb nog nooit in zo'n hip restaurant gezeten. Er zijn paarse banken en roze lichten langs de muur en wij zijn de enigen die verkleed zijn. Binnen een kwartier staat de tafel vol met loempia's en kipspiesjes en Thaise salade en gestoomde dumplings en pannenkoekjes met eend.

'Dit is het voorgerecht,' zegt Seth.

'Jammie!' Abby houdt haar stokjes al in de aanslag, maar dan kijkt ze opeens bezorgd naar mij. 'Emilia wil niet met ons uit dezelfde bakjes eten...'

'Emilia moet niet zeuren,' zegt Seth streng.

En dat doe ik dus niet. Het eten is ongelooflijk: knapperig en pittig en zoet tegelijkertijd. Ik ga drie keer naar de wc om mijn handen te wassen als ik per ongeluk mijn zwarte jurkje heb aangeraakt, maar daar zegt niemand iets van. We drinken natuurlijk geen wijn, want in Amerika is het volstrekt onmogelijk om alcohol te kopen als je nog geen eenentwintig bent. Maar op de een of andere manier voel ik toch iets in mijn aderen bruisen. Het zweefgevoel is er weer.

Misschien, denk ik wanneer ik een hapje van de zoetzure tofu neem die nu op tafel staat, is het tóch niet zo erg om ouder te worden. Misschien is dit wel hoe het voelt om volwassen te zijn. Zelf kunnen bedenken: ik ga vanavond fantastisch uit eten. Met mijn eigen vrienden. Ik blijf hier zo lang als ik wil en ik eet wat ik wil. Want ik ben niet bang meer.

'Wat denken jullie,' vraag ik, 'moeten wij internet niet gewoon weer afschaffen?'

Abby pakt haar telefoon. '*Smile!*'

We houden onze hoofden bij elkaar en lachen voor de foto.

'Internet afschaffen?' vraagt Seth.

'Ja! Wie zegt dat wij alles moeten gebruiken wat mensen die toevallig eerder leefden hebben uitgevonden?'

'Precies,' zegt Jim. 'Wij willen hun atoombommen en *killer robots* en zielige scholen helemaal niet.'

Seth steekt een stukje eend in zijn mond. 'Op zich ben ik wel gehecht aan het wiel.'

Abby legt haar telefoon neer. 'Ik zou willen dat Obama bepaalde dat we allemaal drie uur per dag op internet mogen. Niet meer. Dan zou ik na school soms ook offline kunnen zijn. Nu ben ik steeds bang dat ik iets mis en dat ze over me gaan roddelen als ik er niet ben...'

'Ik snap het gewoon niet,' zeg ik. 'Waarom zijn mensen vaak zo hufterig op internet? Waarom doen ze veel gemener en agressiever dan normaal?'

'Simpel,' zegt Jim. 'Als ik iemand recht in zijn gezicht uitscheld, dan slaat hij me daarna in elkaar. Maar online kan ik zeggen wat ik wil.'

'Maar dat is dus het probleem!' roep ik. 'Je kunt méér zeggen dan je wilt. Meer dan je gaat *doen*.'

Abby knikt. 'Bethany schreef dat ze mijn ogen eruit ging krabben omdat ik haar niet had laten afkijken. Maar ik heb mijn ogen nog steeds!' Ze kijkt vrolijk de tafel rond met haar spierwitte zombiegezicht.

Er blijven nieuwe bakjes komen en ik eet meer dan ik ooit heb gedaan. Terwijl ik zoete kokosmelk en hete peper en Thaise basilicum proef, kijk ik naar de tropische vissen die loom door hun verlichte aquariumwand zwemmen. Glazen rinkelen en de gesprekken om ons heen klinken geruststellend Amerikaans. *I was like... girl, that's sóó amazing, you know? And then she is like... no way, he can't have, you know! But then I'm like hellóó, he's a guy, what do you expect, you know?*

En dan hoor ik opeens een mannenstem achter mijn rug.

'Emilia de Wit! Mag ik je wat vragen?'

Hij spreekt Nederlands. En hij kent mijn naam.

Ik draai me om. Een lange, magere man met heel kort haar lacht naar me. 'Vind je het goed als ik even aanschuif?'

35

Ik staar naar de man, want ik heb geen idee wie hij is.

'Sorry,' zeg ik in het Engels, 'ik ken u niet.'

Hij lacht weer naar me en gaat rustig naast Abby op de bank zitten.

'Mijn naam is Bastiaan Breedveld.' Hij spreekt nog steeds Nederlands. 'Ik ben journalist. Op Twitter zag ik dat je hier dineerde en toevallig was ik in de buurt. Ik schrijf deze week natuurlijk vooral over de orkaan, maar na dat interview met Juno ben ik benieuwd naar jouw reactie.'

Ik kan me niet bewegen. Ik dacht dat ik ontsnapt was, maar de jacht gaat dus gewoon door. Die journalist heeft misschien geen geweer, maar dat is ook niet nodig. Een smartphone met Twitteraccount is genoeg.

Ik wil schreeuwen dat ik Emilia niet ben. Maar ik moet het weten.

'Wat voor interview met Juno?' Mijn stem trilt. Ik voel de koude geweerloop in mijn nek. 'Hoe kunnen ze op Twitter nou weten waar ik ben? Niemand kent me hier!'

Hij haalt een telefoon uit zijn zak en laat me het scherm zien. Een tweet van @abbygreenberg, die trots laat weten dat ze Thais eet met #scarybrother, #moviestar en #emiliadewit. En jawel hoor, de foto van ons drieën erbij.

Ik haat al die onzinnige hashtags op Twitter. Ik haat #kleinekutkinderendietijdenshetetenstiekemzittentetweeten.

'Wou je echt zeggen dat je het interview met Juno nog niet hebt gelezen?' vraagt Bastiaan. 'Het staat al uren online.'

Ik kom duizelig overeind, want ik moet zo snel mogelijk

weg van deze man. Weg van zijn Twentse accent, weg van zijn Hollandse flaporen en zijn bleke lippen die 'Juno' zeggen.

Ik kijk naar de anderen. '*Let's go.*'

'En die meneer dan?' vraagt Abby.

'Niet op letten. Hij is een journalist.'

'Maar wat wil hij dan?'

'Abby,' zegt Jim streng. 'Kom mee naar buiten.'

Seth is bleek. 'Blijven jullie bij Emilia? Dan ga ik betalen.'

Ik loop naar de deur. Als ik omkijk, zie ik dat Bastiaan achter me aan komt. Doodkalm, met zijn handen in zijn zakken. Hij zou ook langs een veld met spruitjes kunnen lopen. Of door een weiland met koeien.

Buiten is het nacht, maar in dit deel van de stad kan dat niemand iets schelen. Hier branden de straatlantaarns zonder problemen en dansen de lichtreclames onbezorgd verder.

'Ik begrijp dat de afgelopen week moeilijk voor je is geweest,' zegt Bastiaan opgewekt. 'Het is echt niet mijn bedoeling om je lastig te vallen. Ik wil je gewoon even de gelegenheid geven om te reageren op Juno's verhaal.'

Die naam van haar de hele tijd. Nog nooit heb ik een woord zo gehaat. *Juno*, de godin van het licht. Heerseres van de hemelen. Beschermgodin van het huwelijk.

'Mensen moeten jouw kant van het verhaal toch ook horen?' vraagt Bastiaan vriendelijk.

'Maar ik héb helemaal geen kant,' roep ik. 'Mijn vader doet wat hij wil en dat meisje ken ik niet. Laat me met rust!'

'Juno vertelt anders uitgebreid over jou in het interview...'

Hij veegt over het schermpje van zijn telefoon en ik bal mijn vuisten. Binnen zie ik Seth bij de bar staan wachten op een ober.

'Hier,' zegt Bastiaan, 'luister naar Juno.' Hij begint voor te lezen. '*Eigenlijk is het natuurlijk supercreepy, zo'n man van vijftig die verliefd op je is. Als ik hem bij het chatten was tegengekomen, dan had ik hem meteen weggeklikt. Maar ik stond echt té slecht voor wiskunde. Als hij mijn cijfer ophoogde tot een 5,5, dan ging ik over. En alle meisjes doen het! Ik bedoel, alle meisjes die er een beetje leuk uitzien. Laag truitje aan, lief lachen – waarom zou je daar geen gebruik van mogen maken?'*

Hij kijkt op van het schermpje en ik druk mijn nagels zo hard als ik kan in mijn handpalmen.

'Dat wisten we toch al?' zeg ik. Niet eens om stoer te doen – ik wist het echt al. Juno is een slet en mijn vader een engerd. Zo'n man die je bij chatroulette even uitlacht en daarna voor eeuwig wegklikt.

Bastiaan gaat door met voorlezen. Abby en Jim luisteren doodstil naar de onbegrijpelijke woorden. Seth is nog steeds binnen.

'*Natuurlijk vond ik hem niet leuk – hij heeft haar op zijn handen! Hij ruikt naar koffie en hij is óúd. Maar mensen snappen het niet. We hadden iets bijzonders. Hij vertelde me dingen die hij aan niemand anders kwijt kon. Hij heeft een vrouw en dochter, maar hij zei dat hij zich vaak voelt alsof hij helemaal alleen tussen de sterren zweeft. Ik snapte het eerst niet, maar hij bedoelde dat hij eenzaam is. Serieus. Hij zei dat het voelt alsof hij in een koude, lege ruimte zweeft. En dan ben ik de enige die soms op gehoorsafstand langs hem vliegt.*'

Ik ben misselijk.

Kan dit waar zijn? Zit mijn vader al die tijd opgesloten in zijn eigen capsule, zonder dat ik het gemerkt heb?

Bastiaan strijkt over zijn stoppelhoofd. 'Juno gaat twee pagina's lang door met spuien. Alles wat ze zich maar kan herinneren van de confidenties van je vader gooit ze eruit. Alsof ze wil bewijzen dat het echt bijzonder was wat ze hadden.' Hij zucht. 'Maar misschien zuigt ze de helft wel uit haar duim. Dat kan natuurlijk ook.' Hij kijkt op van het scherm en fronst zijn wenkbrauwen. 'Is het waar dat je moeder soms door het lint gaat? Dat ze haar schilderijen aan flarden snijdt en dat je vader haar dan een kalmerend middel moet geven?'

Ik voel de koude geweerloop weer.

En tegelijk zie ik de rafelige stukken doek voor me. Soms snijdt ze in het wilde weg en blijven er alleen snippers over. Maar soms snijdt ze ook prachtige stroken. Die rolde ik vroeger op tot kleurig speelverband, zodat ik mijn knuffels kon verbinden. Het is trouwens niet waar dat het altijd mijn vader is die haar de pillen moet geven. Ik weet al jaren waar de oxazepam ligt.

Seth komt eindelijk het restaurant uit. Hij loopt snel.

'We gaan,' zegt hij meteen, maar ik blijf staan. Die journalist heeft het over mijn leven en ik moet weten hoe het verdergaat.

'Klopt het dat jij aan een dwangneurose lijdt?' vraagt Bastiaan. Hij spreekt nog steeds Nederlands. 'Juno vertelt dat je vader zich zorgen maakt, maar dat therapie niet gewerkt heeft. Ze zegt dat je handen...'

Ik zie zijn ogen afdwalen en leg mijn handen op mijn rug.

Hij knikt begrijpend. 'Verder vertelde je vader aan Juno hoe lastig het is om *vast* te zitten. Om elke ochtend wakker te worden en te weten dat je een baan en een hypotheek en een vrouw en een dochter hebt, en dat je daar nooit meer van afkomt. Dat je gevangenzit.'

Ik weet wat die Bastiaan aan het doen is, maar het kan me opeens niets meer schelen. Het is genoeg geweest.

'Serieus?' vraag ik. 'Die klootzak zegt eerst dat hij eenzaam tussen de sterren zweeft en daarna vindt hij het zo jammer dat hij vastzit? En dat moet een wiskundeleraar voorstellen? Die man is gepromoveerd op logica!' Mijn stem wordt harder. 'Denkt die loser nou echt dat hij nooit meer van mijn moeder en mij afkomt? Nou, ik kan hem geruststellen. Als hij straks wakker wordt in zijn cel, dan is hij zo vrij als een vogel!'

Seth pakt mijn arm vast.

'Kom mee,' fluistert hij dringend. 'Je wilde toch niet praten met die vent?'

Ik ruk me los.

'Waarom zou iedereen mogen praten, behalve ik?' roep ik in het Engels. 'Waarom moet ik vluchten en me verstoppen, terwijl de rest van de wereld tekeergaat op internet? Terwijl *fucking Juno* een interview geeft?' Mijn kattenstaart zwiept woest heen en weer. De diadeem met de oren prikt venijnig in mijn schedel. 'Wat denkt die klootzak wel niet? Was het niet genoeg om te geilen op een zeventienjarige? Moest hij ook nog met haar *praten*?'

'Emilia...' zegt Jim.

'Laat me toch lekker door het lint gaan, man! Wat maakt het allemaal nog uit? Mijn leven ligt toch al op straat.'

'Je mag door het lint gaan,' zegt Jim zacht, 'maar kun je dat niet beter doen zonder journalist erbij?'

'Ik snap het niet,' roept Abby zorgelijk. 'Wie geilde er op een zeventienjarige? Is geilen hetzelfde als neuken?'

'Hou je mond,' zegt Seth streng.

Auto's razen voorbij. Voetgangers kijken even naar ons en lopen dan onverschillig verder. Misschien denken ze dat we een toneelstuk aan het opvoeren zijn, met al die kostuums. Ik ben omringd door een zombie, een heks en een geraamte, maar ik weet dat dit geen film is. Dit is echt.

'Dus het klopt allemaal wat Juno vertelt?' vraagt Bastiaan. 'Ze had het ook nog over...'

'Rot toch op, man!' schreeuw ik zo hard als ik kan. 'Weet je nog niet genoeg? Ik ben woedend, schrijf dat maar in de krant. Emilia de Wit staat keihard te schelden op een stoep in New York. Ze vindt dat de rest van de wereld zijn kop eens moet houden en dat mensen zich met hun eigen zaken moeten bemoeien. Of laten ze orkaanslachtoffers gaan helpen, als ze tijd overhebben!'

Ik ben nog nooit van mijn leven zo boos geweest. Tot nu toe was ik een zwart gat. Als ik boos was, dan implodeerde ik en dacht ik dat ik doodging. Maar nu is het anders. Ooit zal ik doodgaan, dat weet ik best. Maar niet vandaag. Ik heb me nog nooit zo keihard, lichtgevend lévend gevoeld.

'Is er misschien nog iets wat je tegen Juno wilt zeggen?' vraagt Bastiaan.

'Je snapt het nog steeds niet, hè? Als ik iets tegen Juno wil zeggen, dan doe ik dat gewoon! Daar heb ik jou toch niet voor nodig? Die mensen op Twitter zijn ook al zo gestoord. Laten ze lekker aan hun vrouw vertellen dat ze ons huis in brand willen steken en dat ze mijn vader willen castreren. Wat heb ik eraan om het allemaal op internet te lezen als ze het tóch niet gaan doen? Al dat gezeik van iedereen de hele tijd!'

'We gaan,' zegt Seth vastberaden. Hij trekt Abby met zich mee, maar als hij ziet dat ik niet kom, staat hij toch weer stil.

Ik kijk naar Bastiaan. 'Snap je het nou eindelijk?'

'Nou...'

'Fuck die idioten in Nederland! Ik woon in New York en ik heb net een orkaan overleefd. Dát is mijn verhaal.' Ik ben schor van het schreeuwen, maar mijn stem trilt niet meer. 'Ik heb mijn haar geverfd en ik ben verkleed. Zie je dat wel? Ik ben Halloween aan het vieren! Deze kleren liggen al jaren in een kist te beschimmelen en ik heb sinds maandagochtend niet meer gedoucht, dus met die dwangneurose van mij valt het wel mee. En terwijl Juno haar borsten nodig heeft om een voldoende te halen, vlieg ik gewoon in mijn eentje naar New York. Dát is mijn verhaal.'

Hij strijkt door zijn ultrakorte haar met inhammen. 'Wanneer ben je dan...'

Ik kijk naar deze spruitjesboer en besluit dat het gesprek is afgelopen.

'Fuck off,' zeg ik, en ik begin te lopen.

36

We zijn niet meer compleet. De zombie en de heks hebben een taxi naar huis genomen. Abby kon bijna niet meer op haar benen staan en Jims vinger voelde alsof hij hem net had doorgezaagd.

Seth stond al bij de open taxideur toen ik mijn hoofd schudde.

'Gaan jullie maar! Ik kan toch niet slapen. Ik moet lopen.'

Hij keek me zwijgend aan en gaf toen de huissleutels en een briefje van twintig dollar aan zijn zusje. Hij sloeg de gele deur dicht en bleef samen met mij op de stoep achter.

En nu lopen we hier dus. Het is half elf 's avonds, maar dat is nog niet eens babybedtijd in New York. Auto's staan toeterend in de file, fototoestellen flitsen, de stad bruist en ik zou zo een marathon kunnen rennen. Ik zou hekken omver kunnen trappen, een gebouw kunnen beklimmen of meedoen aan een musical waarbij je moet zingen en dansen tegelijk.

Ik weet nog dat ik voor het eerst over een supernova las. Zo heet het als een ster explodeert. Hij valt dan niet rustig uit elkaar – we hebben het hier over een extreme explosie waarbij de lichtkracht van een miljard zonnen vrijkomt. Toen ik dat voor het eerst hoorde, probeerde ik me voor te stellen hoe dat voelde: *de lichtkracht van een miljard zonnen*.

En nu weet ik het.

'Voor welke krant schrijft die journalist?' vraagt Seth opeens.

Ik schrik ervan, want ik doe al een kwartier alsof hij niet bestaat. Alsof er geen geraamte naast me loopt, alsof hij niet mijn twee gezichten ziet, alsof het me niks uitmaakt wat hij van me denkt.

'Geen idee.'

'Maar hij zei zijn naam toch wel?' Seth blijft staan. Zijn gezicht kleurt bij zijn bottentrui. De spieren in zijn nek staan strak. 'Als we zijn baas opsporen, dan kunnen we vertellen hoe het is gegaan. Dat die journalist je lastigviel en dat hij het recht niet had om je te interviewen zonder je ouders erbij. Als we snel zijn, dan kunnen we ervoor zorgen dat zijn stuk niet...'

'Seth!' Ik kijk hem aan zonder te knipperen. 'Het kan me niet schelen. Laat die man lekker over me schrijven. Ik ben niet bang meer.'

'Serieus?'

'Je hebt geen idee,' zeg ik langzaam, 'hoe fijn het is om een keer *niet* je mond te houden.'

Hij kijkt naar me en ik zie dat hij duizend dingen wil zeggen. Maar hij doet het niet.

Het donker nadert nu. We komen langs een felverlicht hok met pinautomaten dat vol met mensen zit. Ze hangen op de grond en in campingstoeltjes, hebben laptops op schoot en worden omringd door stekkerdozen en telefoons en lege koffiebekers. Buiten voor het raam staan twee toeristen zwijgend naar hen te kijken. Er ontbreekt alleen nog een bordje. *Homo Sapiens, ondersoort Dark People. Verboden om op het glas te kloppen.*

'Dus we doen niks?' vraagt Seth. 'We laten die man zijn gang gaan?'

'Ja.'

'En je hebt geen spijt?'

'Nee!'

De miljard zonnen branden nog steeds in mijn buik. Ik wijs naar de sprookjestoren met de adelaarskoppen die ik zag toen ik vrijdag de bus uit kwam. De punt van de toren is overdekt met gouden schubben van licht. 'Dat is mijn lievelingsgebouw.'

Hij kijkt niet eens.

'Wat is dat toch met New York?' roep ik. 'Ik hoef maar even om me heen te kijken en ik voel me alsof ik verliefd ben.' Ik strek mijn armen uit. 'Dit is een keiharde, koude, oneerlijke stad – en toch zou ik minstens drie vingers geven om hier te mogen wonen.'

Hij stopt zijn handen in zijn zakken en blijft zwijgen.

'Hou toch eens op met moeilijk doen!' roep ik naar hem. 'Zolang je in die capsule blijft zitten, ben je ongelukkig. Dat snap je zelf toch ook wel? Daarbinnen gaat nooit iets leuks gebeuren, dat is zeker.'

Zijn ogen zijn donker. 'Alsof jij het zo leuk hebt daarbuiten.'

'Vandaag wel!'

'Serieus? Je vond vandaag *leuk*?'

Ik denk erover na en opeens weet ik dat ik deze dag voor altijd zal onthouden. Als ik dertig en vijftig en tachtig ben, zal ik me nog steeds de details herinneren. Wachten naast een stopcontact in een ijskoude, tochtige gang. Omringd door *dark people* mailtjes checken. Met z'n vieren eten in extreme hipheid. Schreeuwen zo hard als je kunt en daarna geen spijt hebben.

'Vond jij vandaag dan niet leuk?' vraag ik strijdlustig. 'Was je liever naar school gegaan? Had je liever in je eentje op je kamer gezeten?'

'Dat is flauw. Als je het zo zegt...'

'Maar zo is het! Jij ziet het alleen niet, door dat beslagen raampje van je.'

We steken over en lopen de *City of Darkness* binnen. Het donker is iets minder overweldigend dan gisteren. Op de kruispunten staan politieagenten met lampen en op straat ligt een soort vuurwerk dat niet knalt, maar wel rode vonken spuugt. Ik ben blij dat ze begrepen hebben dat het hier levensgevaarlijk is zonder stoplichten.

Maar dan zijn we Union Square voorbij en is het opeens weer net zo donker als gisteren. Geen politieagenten, geen rood vuurwerk, niets. Vindt burgemeester Bloomberg het wel voldoende als alleen de bewoners ten noorden van Union Square in leven blijven? Zijn de mensen die hier wonen makkelijker te missen?

'Het is totaal uitgestorven.' Seth kijkt om zich heen. 'Alleen de mensen die helemaal nergens anders naartoe konden, zijn gebleven.'

'Ik wílde toevallig nergens anders naartoe,' zeg ik.

Ik hoor hem zachtjes lachen.

'Hoe kon ik dat vergeten? Jij hebt de tijd van je leven hier.' Hij schraapt zijn keel. 'Maar je hebt gelijk. Ik ben blij dat Abby en ik niet bij Bridget logeren. Als dit nou een keer gebeurt, dan wil ik het meemaken ook.'

We lopen langzaam. Soms staan we stil en kijken we naar boven. Het heeft iets magisch, deze wereldstad in het donker. Het is koud en doodstil, op een verre sirene na. De huizen tekenen zich pikzwart af tegen de lucht. Boven op de platte daken staan houten watertorens: kolossale cilinders op pootjes, die er onheilspellend uitzien in de nacht.

Ik adem zo diep in dat ik de kou voel tintelen in mijn buik en moet denken aan de dingen die mijn vader tegen Juno zei. Dat hij zo eenzaam is. Dat hij elke ochtend wakker wordt en het gevoel heeft dat hij vastzit.

Eenzaamheid kan ik me prima voorstellen, maar *voor eeuwig vastzitten* niet. Ik weet al jaren dat ik wegga bij mijn ouders zodra ik eindexamen heb gedaan. Ik hoef niet de rest van mijn leven met hen in één huis te wonen. Ik probeer me voor te stellen hoe ik me zou voelen als ik wist dat het nooit meer zou ophouden. Mijn leven zoals het nu is. Dat dit het was. Precies dit, tot aan mijn dood.

'Waar logeren je ouders eigenlijk?' vraagt Seth opeens.

Ik zucht. 'Bij vrienden. Ze wilden een hotel boeken, maar alles zit vol met filmsterren die zijn gevlucht voor het donker. Dus nu logeren ze bij een of andere beroemde beeldhouwer. In het licht, natuurlijk.'

'En jij?'

'Ik blijf bij jullie.' Hij kan niet zien dat ik naar hem kijk. 'Als dat tenminste mag...'

Hij schopt naar iets.

'Ik vind het best,' zegt hij onverschillig. 'En mijn moeder vast ook. Morgen zal het haar toch eindelijk wel een keer lukken om een vlucht te krijgen.'

Hun moeder. Ik was zo met mijn eigen ouders bezig, dat ik helemaal niet meer aan haar heb gedacht. Het overvalt me. De volwassenen naderen opeens van alle kanten. Mijn eigen ouders zijn al in de stad, en hun onbekende moeder komt er ook aan. Over vierentwintig uur is alles anders.

Ik bal mijn vuisten, want ik wil niet dat dit stopt. Het is krankzinnig, maar ik wil voor altijd met Seth en Abby en Jim in ons orkaanasiel blijven wonen. Ik wil uren daglicht tellen en me afvragen of we wel genoeg drinkwater hebben. Ik ben afgrijselijk smerig en de bacteriën krioelen, maar ik loop hier naast Seth en zolang het donker is, horen we bij elkaar.

Ik ben niet bang meer zei ik, maar dat meen ik alleen als Seth door zijn beslagen raampje naar me kijkt. Als Jim me vertelt over hypotheekschulden en als ik 's nachts naast Abby mag slapen. Als Nederland 6000 kilometer ver weg is. En als volwassenen met hun poten van mijn leven afblijven.

Morgen zie ik mijn vader weer. En als ik daaraan denk, dan ben ik doodsbang.

37

Wanneer ik de volgende morgen mijn ogen opendoe, ligt Abby naar me te kijken.

'Ben je nog boos op me?' fluistert ze meteen. 'Om dat bericht op Twitter?'

Ik kreun. Over een paar uur zie ik mijn vader weer. Ik wilde dat ik niet wakker was geworden.

'Ik had je achternaam toch uit mijn hoofd geleerd?' zegt Abby ongelukkig. 'Ik wilde dat ze zouden weten wie je bent!'

'Het is oké.' Ik zucht. 'Ze mogen weten wie ik ben.'

We ontbijten met chili con carne. We hebben nog één schone pan en die gebruiken we om de inhoud van twee blikken in op te warmen. We zijn blij met de hitte van het fornuis, want het appartement wordt elke dag kouder. De man met de wilde ogen op Union Square had gelijk: het gaat vriezen.

Ik draag plastic handschoenen bij het ontbijt, Abby niet. We zien het van elkaar, maar zwijgen. We zijn een machine geworden met tandwieltjes die precies in elkaar passen. De anderen krijgen een paar vochtige doekjes van me om de schmink van hun gezicht te halen. Na vier keer plassen gooien we een grote emmer water uit het bad door de wc. We vullen onze tassen met chips, opladers en de laatste fles mineraalwater en vertrekken naar het noorden.

We lopen hard om warm te worden en blazen stoomwolkjes in de ochtendlucht. Ik vertel de anderen niet hoe bang ik ben, maar dat hoeft ook niet. Eén tandwieltje dat stijf staat van de zenuwen, dat voel je meteen. Ik weet dat ik het niet langer kan uitstellen. Vandaag moet ik mijn ouders zien. Ze zijn hier nu en ik heb er ook genoeg van. Ik wil me niet langer verstoppen.

Zodra er bereik is, maak ik dus een afspraak. Per sms natuurlijk. Om 13.00 uur willen mijn vader en moeder me zien bij The Frick Collection. Nora Quinn laat er duidelijk geen gras over groeien: aan het einde van de dag kan ze straks niet alleen haar dochter afvinken, maar ook het mooiste museum van de stad.

'En nu?' vraagt Abby aan mij. 'Je hoeft daar pas om één uur te zijn...'

Ik hoef er niet over na te denken. 'Naar de boekwinkel. Ik heb wifi nodig.'

De anderen knikken.

In de warme winkel zakken we neer in ons eigen gangpad. Ik begin meteen te googelen, want ik moet weten of er iets over een krijsende Emilia de Wit op internet staat. Als ik even opkijk, zie ik de anderen gespannen naar me kijken. Abby weet nu ook hoe het met mijn vader zit. Na gisteravond kon ik dat moeilijk nog geheimhouden.

Ik vind het artikel van Bastiaan Breedveld meteen. Er staat een link bij naar Abby's foto op Twitter en eerst kan ik nergens anders naar kijken. Een geraamte, een gifgroene heks en een kat kijken overmoedig de camera in.

Die totaal overmoedige kat, dat ben *ik* dus.

Zo'n uitdrukking heb ik voor het laatst op mijn gezicht gezien in mijn paspoort: ik kijk alsof ik *superveel* zin heb in de rest van mijn leven. Maar de foto op Twitter is dus niet van drie jaar geleden – hij is van gisteravond. Veertien uur geleden keek ik zo.

'Is het rampzalig?' vraagt Seth.

Ik houd eindelijk op met naar mezelf staren en begin het artikel te lezen.

Oké, ik ben dus aan het schreeuwen op een stoep in New York. Bastiaan maakt veel van de voorbijgangers die blijven staan en van de toeterende *yellow cabs*. Ik scheld nogal uitgebreid en een paar citaten kloppen niet. Maar voor het eerst in mijn leven ben ik niet meer onzichtbaar.

Al mijn klasgenoten en mijn leraren en *Juno* zullen dit lezen. Terwijl zij op school zaten, vierde ik samen met mijn Amerikaanse vrienden Halloween. Ik heb een mening, ik sta te stampvoeten in de beste stad op aarde en Bastiaan zegt dat mijn poezenkostuum *elegant* is.

'Wat schrijft hij nou?' vraagt Abby ongeduldig.

Ik houd mijn telefoon omhoog en laat de foto zien. 'Zo wil ik wel zijn.'

'Zo bén je,' zegt Jim meteen. 'Ik ben soms wat minder groen, maar jij ziet er toch altijd zo uit?'

'Niet altijd,' zegt Seth. 'Maar vaak genoeg.'

Ik sla mijn ogen neer en kijk naar mijn hand. Van de vreselijke snee is alleen nog een lang, dun korstje over.

Mijn vader moet nu dus op internet lezen wat zijn dochter gisteren gilde over wakker worden in een cel. En over geilen op een zeventienjarige. Ik heb geen idee wat ik straks tegen hem moet zeggen.

En dan zucht ik, want de oplossing is natuurlijk simpel. Ik moet gewoon tegen hem schreeuwen: 'Ja hallo, wat jij hebt gedaan is veel erger.' En dat dan honderd keer, een paar jaar lang, totdat ik achttien ben en uit huis ga.

Zesendertig minuten later. De tijd gaat langzamer dan normaal. Samen met Abby bekijk ik een fotoboek van New York. Ze doet haar best om me af te leiden, dus ik probeer mijn aandacht bij de wolkenkrabbers te houden – maar voor elke foto zweven de gezichten van mijn ouders. Ik kan aan niets anders meer denken.

'Abby!' Seth komt terug van de computerboeken met zijn mobiel in zijn hand. 'Mama belde. Ze kon vannacht eindelijk een vlucht krijgen en is nu net geland. Ze komt naar huis.'

'Echt waar? Had ze haar bagage al?'

Hij knikt en Abby begint woest door het gangpad te dansen, kriskras tussen alle *dark people* door.

'Mama komt thuis, mama komt thuis, mama komt thuis!'

Haar donkere vlecht zwaait heen en weer alsof ze in de achtbaan zit, haar roze laarzen maken een reusachtig kabaal in de boekwinkel.

'Heb je haar zó gemist?' vraagt Seth verbaasd.

'Duh!' roept ze. 'Mama is nog nooit zo lang weg geweest. En we hebben een hele orkaan gehad! Het was donker en koud en Emilia schreeuwde en Jim had pijn aan zijn vinger en *mama* was er niet.'

Seth komt naast me zitten terwijl Abby blijft dansen. We kijken stil naar haar.

'We moeten gaan,' roept ze opgewonden. 'Mama weet vast hoe het zit met het wurmpje van Jeremy Jones en dan kan ik het daarna aan jullie uitleggen.' Ze trekt aan Seths trui. 'Ik wil thuis zijn als ze komt!'

'We kunnen best nog even wachten, hoor.'

'Maar we moeten nog helemaal teruglopen!'

Seth blijft zitten zonder antwoord te geven. Ik vraag me af of hij het nu ook doorheeft. Dat het klaar is met ons orkaanasiel.

'Als het niet mag, dan zeg ik niks over Jeremy Jones.' Abby staat eindelijk stil. 'En ik zal ook niet vertellen dat Jim ons dronken heeft gemaakt en ik zal geheim houden dat Emilia met handschoenen aan eet en midden op straat tegen een journalist stond te schreeuwen.'

Haar broer zegt nog steeds niks.

'En ik zal het niet over papa hebben. Echt niet. Ik weet dat dat niet mag.'

We kijken naar Seth. Een hele tijd beweegt er niemand. En dan beweeg ik een heel klein beetje. Ik zit vlak naast hem en kan een halve wijsvinger op zijn halve wijsvinger leggen zonder dat iemand het ziet. Maar hij voelt het wel. Dat weet ik zeker.

Het is een perfecte brug voor bacteriën, maar dat doet er niet meer toe. We zijn toch even vies.

'Met Jeremy Jones moet je misschien nog even wachten,' zegt Seth langzaam tegen Abby. 'Emilia snapt ook niks van wurmpjes en die is al veertien.'

Jim grinnikt en ik haal vlug mijn wijsvinger weg.

'Maar over papa mag je praten. Alleen niet meteen vandaag. Mama komt net thuis en er is een hele orkaan geweest en ze moet even wennen hier. Maar daarna, als er weer licht is, dan mag het. Oké, Abby?'

Ze kijkt hem ernstig aan. 'En over dat hij er niet meer is? Mag ik daar dan ook over praten?'

Seth knikt.

'En dat ik hem mis? En dat ik dingen heel goed kan onthouden, maar dat ik niet meer weet wat voor schoenen hij had?'

Ik schuif mijn halve wijsvinger weer terug. Maar Seth voelt het denk ik niet, want hij staat op.

'Kom Abby, we gaan naar huis.'

38

Samen met Jim loop ik over Fifth Avenue. Ik was te zenuwachtig om nog langer in de boekwinkel te blijven en Jim moet weer naar het ziekenhuis. Ik heb niet te goed naar zijn hand gekeken, maar hij zegt dat er nu pus uit zijn vinger komt. Of in elk geval *iets* wat het verband natmaakt. Dat kan niet gezond zijn.

Mijn laarzen slepen over de grijze stoeptegels. Bij elke stap blijft er een beetje Emilia achter in New York. Als ik nou niet alleen de zolen wegschuur, maar ook mijn voeten en benen en lijf en hoofd, dan hoef ik nooit meer na te denken.

Ik probeer me steeds voor te stellen wat mijn ouders en ik straks tegen elkaar gaan zeggen, maar het lukt niet. Ik krijg er hoofdpijn van. Ik heb trouwens ook buikpijn, dus misschien kan ik het beste gewoon meegaan naar het ziekenhuis. Als ik moet kiezen tussen bacteriën en ouders, dan kies ik op dit moment voor bacteriën.

Het enige waar ik vandaag geen last van heb, zijn knikkende knieën. Het is gek, maar ik kan nu naar Jim kijken zonder week te worden. Het voelt alsof ik hier naast mijn leuke, gekke neef loop.

'Deze kant op,' zegt mijn gekke neef opeens. Hij pakt mijn mouw en trekt me mee opzij, een brede trap op. 'Misschien kan de Hollandse atheïst nog gered worden.'

Het is een kathedraal. Een enorm neogotisch bouwwerk dat regelrecht uit Disney World lijkt te komen, maar dat tussen de wolkenkrabbers nauwelijks opvalt. Jim wandelt naar binnen alsof hij bij een goede kennis op bezoek gaat, maar ik blijf onwennig staan. Hoog boven mijn hoofd reiken gewelven naar de hemel. De warmte ruikt naar brandende kaarsen en stof.

Langzaam begin ik naar voren te lopen, terwijl ik nog steeds aan mijn ouders denk. Mijn nuchtere ouders die nooit in een kerk komen – behalve op vakantie, want dan hoort het bezichtigen van een godshuis er natuurlijk bij.

Ik bekijk de rij glas-in-loodramen en het orgel, maar dan vergeet ik het gebouw en kan ik alleen nog maar naar de mensen kijken. De silhouetten die hier in het halfdonker in de banken zitten, zijn duidelijk geen toeristen. Het zijn New Yorkers.

Het zijn mensen die net een orkaan hebben doorgemaakt.

Stil schuif ik een gladde bank in. Ik zie mensen knielen en bidden. En ik zie mensen huilen. Echte, volwassen mensen, die hier zijn gekomen om te huilen. God alleen weet wat ze de afgelopen dagen allemaal verloren hebben.

Ik kijk naar ze en voor het eerst in mijn atheïstische leven kan ik me voorstellen wat een kerk voor je kan betekenen. Zeker vroeger, toen de hele wereld leek op ons donkere New York van nu. In zo'n wereld heb je een plaats nodig waar kaarsen branden. Waar het warm is en waar je kunt huilen terwijl de gewelven naar je luisteren.

Ik sta op en loop langzaam naar Jim toe, die bij de rekken met brandende kaarsjes staat. Ik pak geld uit mijn tas en steek een kaars aan. Je mag vast geen kaarsje voor jezelf branden, dus ik kijk naar de vlam en bedenk dat hij voor mijn moeder is. En voor de orkaanslachtoffers. Voor Obama, die volgende week herkozen moet worden bij de verkiezingen. En natuurlijk voor Seth en Jim en Abby. En dan haal ik meer geld uit mijn tas en steek ik nog twee kaarsen aan, omdat ik me niet kan voorstellen dat God zoveel mensen wil helpen voor één armzalig vlammetje.

Naast me hoor ik Jim zuchten alsof alles verloren is. 'Wat moet ik hier?'

‘In deze kerk?’ fluister ik. ‘Dat weet jij beter dan ik.’

‘In New York! Terwijl ik niet kan werken. Ik heb geen geld meer om de huur te betalen en ik wil niet eens denken aan de rekeningen van het ziekenhuis.’

‘Heb je echt geen plan?’ vraag ik zacht.

Hij kijkt naar de zee van vlammen. ‘Nee.’

‘Abby wel. Ze is van plan om met je te trouwen. Als chirurg gaat ze heel veel geld verdienen, en dan mag jij de hele dag op de bank liggen en over de crisis praten.’

Hij draait zich om en we lopen samen de kerk uit.

‘Heeft ze dat echt gezegd?’ vraagt hij. Hij kijkt naar de donkere wolken. ‘*Fucking hell.*’

‘Wil je niet met haar trouwen?’ vraag ik luchtig, maar hij is ernstiger dan ik hem ooit heb gezien.

‘Dat is dus precies wat mijn pa de hele dag doet! Op de bank liggen en over de crisis praten.’ Hij kijkt naar mij. ‘Seth en Abby zijn irritant, toch? Dat vind jij toch ook? Ze zijn zo braaf en ze werken zo hard en al die plannen die ze steeds hebben...’

‘Heel irritant!’ roep ik. ‘Ik heb geen idee wat ik later wil doen. Ik weet niet eens wat ik volgende wéék wil...’

We lopen langs etalages vol diamanten, horloges en chique bonbons.

‘En weet je wat het allerirritantste is?’ zegt Jim. ‘Dat het eigenlijk best wel cool is dat Abby op haar negende weet dat ze later chirurg wil worden. En dat Seth natuurlijk een of andere topman bij Google of Apple wordt.’

‘Vind je dat cool?’ vraag ik verontwaardigd. ‘Jij bent veel cooler! Met je leren jas en je veters die je niet strikt en je acht vingers. Jij doet tenminste niet alsof je iedereen begrijpt. Je bent niet zo nobel dat je spaart voor de studie van je zusje en je wil me niet de hele tijd *helpen*.’

Hij blijft staan op de hoek met de glazen kubus. Aan de andere kant van de straat wacht een rij koetsjes met paarden.

Voor toeristen die films willen naspelen.

'Serieus?' vraagt hij. 'Daar moet ik het van hebben? Van mijn leren jas en mijn losse veters?'

'Zo bedoelde ik het niet!'

'Dat weet ik wel,' zegt hij vriendelijk. En dan zucht hij. 'Het is waar. Ik ben niet in staat om mijn veters te strikken. Ik hoop dat God me ooit de kracht geeft dat te aanvaarden...'

'*God geeft en God neemt*, dat is toch zo'n uitdrukking?'

Hij knikt. 'God neemt vingers en geeft pus.' Hij kijkt naar het verband. 'Ik moet nu echt naar het ziekenhuis, anders willen ze straks mijn hele hand amputeren. Zie ik je vanavond, of blijf je verder bij die supercoole ouders van je?'

De buikpijn wordt meteen erger. 'Ik heb geen idee. Misschien hebben ze vijf politieagenten ingehuurd en slepen ze me mee naar het vliegveld. Maar als dat niet zo is, dan kom ik terug naar het orkaanasiel.'

'Goed zo. Nou, doe je moeder de groeten van me. En zeg tegen je vader dat hij een sukkel is. Hij had zijn mond tegen Juno moeten houden en haar gewoon moeten neuken.'

'Jim!'

Hij grijnst. 'Ik weet het, ik ben een botte loser.' Hij begint te lopen en steekt zijn hand naar me op. 'Succes, *Eemielia*! Ik zal voor je bidden.'

39

Wat was mijn plan eigenlijk? vraag ik me af terwijl ik langs Central Park naar het museum loop. Vorige week wilde ik niks anders dan vluchten, dat is duidelijk. Ik wilde weg uit het moeras en dat is gelukt. En toen kwam Sandy langs en kon ik stoppen met denken.

Maar wat was ik eigenlijk van plan, hier in New York? Wilde ik voor altijd in mijn eentje een appartement blijven huren? Had ik echt gedacht dat mijn ouders me gewoon zouden vergeten? Natuurlijk niet. Maar wat ik wel dacht, dat weet ik ook niet.

Wat ik nú denk, weet ik wel.

Het was krankzinnig om hier te komen. Ik had gewoon in Nederland moeten blijven. Dan had ik mijn vader maandenlang kunnen negeren om dan ooit, misschien, zo nu en dan weer een zinnetje tegen hem te spreken. Beginnen met 'Het is koud vandaag', van daar naar 'Is er nog appelsap?' en eindigen met 'Ik heb mijn eindexamen gehaald.'

Maar nu, door mijn vlucht, komt er een Gesprek. En dat is regelrecht rampzalig, want we hebben nooit Gesprekken. Daar doen wij niet aan. Als mijn vader directeur wordt of als mijn moeder een schilderij voor een waanzinnige prijs verkoopt aan de sjeika van Qatar, dan knikken we naar elkaar. En als mijn moeder een doek aan flarden snijdt of ik begin te hyperventileren, dan zuchten we even. Maar we Praten nooit.

Tot vandaag dus.

Ik zie het museum nu liggen. Het is nog geen tijd, maar ik ga toch naar binnen. Ik ben zenuwachtiger dan ik was voor de douane. Daar hadden ze geen idee wie ik was. Maar de mensen die ik nu ga zien, weten dat wel. De mensen die ik nu ga zien, denken dat ze mij beter kennen dan wie ook op de wereld. En ik moet ze vertellen dat ze het mis hebben.

The Frick Collection is geen groot museum. Het is een imposant gebouw, maar in 1915 was het gewoon het woonhuis van één nogal rijke meneer. En dat zie je dus. Je loopt hier niet door kale museumzalen, maar door de eetkamer en de woonkamer en door meneer Frick z'n studeerkamer. Er daar hangen dan toevallig wereldberoemde schilderijen aan de muur.

Ik dwaal door de kamers zonder iets te zien. Mijn voeten zakken weg in het dikke tapijt, maar ik voel het nauwelijks. Ik ben *Eemielia*. Een bang meisje. Een sexy kat. Ik slaap naast Jim, naast Abby, ik ben de dochter van een ranzige directeur, ik ben een meisje dat keihard staat te schelden op straat en explodeert met de lichtkracht van een miljard zonnen – ik weet het ook niet meer.

En dan sta ik in de binnentuin en zie ik mijn moeder op een marmeren bankje bij de vijver zitten.

Ze is alleen. Ze draagt de groene jurk die ik zo mooi vind en haar rode haren zitten in een ingewikkelde knot. Ze kijkt op en ziet me staan.

'*Darling!*'

Ik loop naar haar toe terwijl haar grijsgroene ogen naar me kijken. We omhelzen elkaar niet. Opeens voel ik weer hoe ongelooflijk vies ik ben. Dankzij mijn zeven pakken antibacteriële doekjes ben ik nog steeds een stuk schoner dan Seth en Jim en Abby. Maar vergeleken met Nora Quinn ben ik een prehistorisch putmonster.

'Je hebt je haar geverfd!' roept ze in het Engels. Als we met zijn tweeën zijn, spreken we altijd Engels.

'Het is vet.' Ik raak het niet aan met mijn handen. 'Ik heb het sinds maandagochtend niet meer gewassen.'

Ze kijkt naar me alsof ze een schilderij bestudeert. Langdurig, met een frons tussen haar wenkbrauwen. En dan knikt ze. 'Die kleur staat je.' Ze kijkt om zich heen. 'Heb je het museum al bekeken? Ik ben eerder gekomen, want ik wilde de tijd nemen. Heb je de Holbeins al gezien? En de miniaturen uit Limoges? Die zijn adembenemend.'

'Waar is papa?'

Ze zucht. 'Hij ligt met migraine in bed. De afgelopen week heeft hij nauwelijks geslapen en twee uur geleden stortte hij in. Ik heb de gordijnen dichtgedaan en hem achtergelaten in de stilste kamer van het huis.'

Ik doe een stap achteruit. 'Ik ga hem niet zielig vinden, hoor.'

'Dat hoeft ook helemaal niet.'

Door het glazen plafond valt gefilterd licht naar binnen. De fontein klatert.

'Ik snap het niet,' zeg ik. 'Waarom ben je niet woedend op hem? Waarom wil je niet bij hem weg?'

Ze fronst haar wenkbrauwen. 'Heb je nou echt in één week een Amerikaans accent gekregen?'

'Dat zou best kunnen.' Ik steek mijn kin in de lucht, à la Abby. 'Ik heb Amerikaanse vrienden hier en we doen alles samen. We wonen met z'n vieren in een appartement en gisteren hebben we Halloween gevierd in een Thais restaurant. We waren allemaal verkleed. Ik ook.'

Ze kijkt me weer een tijdje onderzoekend aan, en dan begint ze te lachen. 'Weet je wat? Ik geloof dat het verstandig van je was om naar New York te gaan.'

'Dat geloof ik ook! Maar papa heeft...'

'Darling, we zijn in het mooiste museum ter wereld! Zullen we morgen bespreken hoe erg we het allemaal vinden en hoe vreselijk papa zich misdragen heeft? Nu wil ik je een Vermeer laten zien.'

Haar vingers bewegen alsof ze een kwast vastheeft. Ongeduldig. Vastberaden en verlangend. Ik kan niet tegen haar op.

En nee, dat is niet zielig. Ik wíl niet tegen haar op kunnen. Ik wenste alleen dat ik iets meer was zoals zij. Dat ik een talent had waar alles voor moest wijken. Dan hoefde ik niet meer te twijfelen. Dan wist ik wie ik was.

Ik zeg niks meer en laat me meevoeren.

Dagenlang heb ik aan niets anders dan de basis gedacht. Mijn maag en mijn telefoon moesten gevoed worden – dat was mijn leven. En nu is mijn ziel aan de beurt. Ik vergeet *Op stap met een stekker* en laat me overspoelen door vurige kleuren, wonderlijke afbeeldingen en stokoude verhalen. Ik herinner me dat er meer is in het leven dan popcorn, vochtige doekjes en stroom.

Doodstil luister ik naar haar, want het komt niet vaak voor dat mijn moeder alle tijd voor me heeft. Meestal draaien er minstens twee museumdirecteuren en drie recensenten om haar heen. Maar deze keer vertelt ze het speciaal aan *mij*. En wanneer Nora Quinn over een schilderij praat, dan begrijp je het. Je *voelt* het.

'Stel je voor!' roept ze opgewonden. 'Deze galerij liet Frick speciaal voor zijn schilderijen bouwen. 's Avonds, als hij klaar was met zijn werk, dan liep hij in zijn eentje langs de meesterwerken. Stilletjes, terwijl het buiten begon te schemeren, keek hij naar Rembrandt en Vermeer.'

'Dit zou Jim moeten horen,' zeg ik. 'Die denkt dat mensen nú rijk zijn. Maar Frick kon gewoon zijn eigen museum kopen.'

Mijn moeder zucht. 'Stel je voor hoe het moet zijn om in New York te wonen. Om hier elke week terug te kunnen komen.'

'Om elke week een burrito bij Dos Toros te eten,' zeg ik. 'Om de sprookjestoren met zijn gouden schubben net zo goed te kennen als je eigen hand. Om te picknicken met uitzicht op het Vrijheidsbeeld. Om in de stad van Seth en Jim en Abby te wonen.'

'Om even naar het Guggenheim te lopen voordat je aan het werk gaat...' Ze lacht stralend. Haar zijden jurk zwiert.

Ik kijk naar haar en ik weet dat dit is hoe ik het wil. Als er iemand woedend moet zijn over wat mijn vader heeft gedaan en als er iemand mag blijven lachen, dan is dit hoe de verdeling moet zijn. Ik woedend, mijn moeder lachend.

Andersom zou ondraaglijk zijn.

40

Ik zit in mijn eentje in een taxi op weg naar het donker. Aan het eind van de middag wilde mijn moeder dat ik meekwam naar haar logeerhuis, maar ik zei dat dat niet ging. Ik moest namelijk terug naar míjn logeerhuis.

Ze keek me een hele tijd aan. Ik spande al mijn spieren zodat ik weg kon rennen als ze me wilde pakken. Maar Nora Quinn pakt geen mensen vast. En gelukkig had ze er dus ook niet aan gedacht om vijf politieagenten in te huren om me naar het vliegveld te slepen.

Uiteindelijk knikte ze, als een ontstemde koningin.

'Goed,' zei ze koel. 'Nog één nacht mag je daar logeren. Daarna doe je weer gewoon en kom je bij papa en mij.'

Ik beloofde niks.

Ik betaal de chauffeur met geld dat ik van de ontstemde koningin heb gekregen en blijf achter in de nacht. Het is voor het eerst iets minder donker, want de lucht is opgeklaard. De maan schijnt. Midden in New York kan ik sterren zien.

Ik zet de plastic draagtas met mineraalwater naast me neer en wrijf in mijn handen. Nu moet ik wachten. Het was een gok om terug te komen naar het orkaanasiel, want ik weet niet zeker of ik wel binnenkom. Vanochtend hadden Seth en Abby zo'n haast om naar huis te gaan dat we niks hebben afgesproken over deze avond.

Ik hoop dat ze zich de afspraak van dinsdag herinneren: als het donker wordt elk kwartier de voordeur opendoen. Maar misschien zijn ze er wel helemaal niet. Misschien zijn ze uit eten met hun moeder of moesten ze nu toch uit logeren.

Ik ga op het stoepje zitten en steek mijn handen in de zakken van de mosgroene jas. Een half uur, zeg ik tegen mezelf. Een half uur mag ik het proberen. Als er dan niemand naar beneden is gekomen, moet ik op zoek naar een taxi en rijd ik naar mijn ouders toe. Dan is het echt voorbij.

Ik houd de tijd bij op mijn telefoon. En dan, na dertien minuten, gaat de voordeur open.

'Seth!'

Hij staat in de deuropening met een zaklamp. Ik kom overeind en doe een stap naar voren.

We vallen elkaar net niet in de armen, maar we voelen ons zo ongemakkelijk alsof we het wel deden.

'We hadden niks afgesproken!' roep ik. 'Ik zat hier voor de dichte deur en wilde het al bijna opgeven...' Ik ben een beetje buiten adem. 'Maar jullie moeder is nu natuurlijk thuis en misschien wil ze helemaal niet dat ik...'

Hij schudt zijn hoofd. 'Ze is bij Bridget gaan logeren, want ze had geen zin in de kou en het donker. Abby moest eigenlijk met haar mee, maar dat kind heeft een geweldige scène getrapt. Ze wilde absoluut bij Jim en jou blijven en ze deed zo hysterisch dat mama het toen maar goed vond.'

'Dus het orkaanasiel bestaat nog?'

Hij lacht. 'We zijn nog open.'

Ik loop achter hem aan de trappen op, en terwijl ik bijna struikel en terwijl ik iets angstaanjagend muisachtigs hoor roetsjen dat best wel eens écht een muis zou kunnen zijn, voel ik me alsof ik iemand ben die ertoe *doet*. Alsof mensen die horen over mijn leven best met me zouden willen ruilen. Vanmiddag heb ik met Nora Quinn door het mooiste museum van New York gelopen. Daarna hebben we in een *diner* een pastrami-sandwich gegeten. En nu ben ik terug bij mijn vrienden.

'Emilia!' Abby zwaait uitgelaten naar me vanaf de bank.

'We wachten al eeuwen op je – ik was zo bang dat je niet meer zou komen...'

Jim grinnikt. 'Ik had je allang opgegeven, maar Seth holde steeds weer in het donker naar beneden om te kijken of je er was. Zonder hem had je de hele nacht buiten gestaan, dat is zeker.'

Ik kijk even naar Seth, en dan vlug naar de grond. Zonder Seth had ik de hele wéék buiten gestaan.

Jim en Abby zitten dicht naast elkaar onder een deken. Er branden zeventien waxinelichtjes om hen heen en op de lage tafel staat de radio. Het ziet er kerstachtig uit, maar het is beroerd koud in het appartement. Het ruikt naar aangekoekte chili con carne.

'Was je vader nog stom?' vraagt Abby. 'Zat hij de hele tijd te sms'en terwijl jij met hem probeerde te praten?'

'Ik heb alleen mijn moeder gezien. Maar dat was oké.' Ik herinner me hoe we samen in die glimmende *diner* zaten. Alsof we niks anders waren dan mensen met honger.

'Als je je nou even van top tot teen in plastic wikkelt,' zegt Jim, 'dan kun je bij ons onder de deken komen.'

'In plastic?'

'Duh,' roept Abby. 'Voor de bacteriën natuurlijk.'

Ik laat me naast haar op de bank vallen. Ik hoef mijn miljoenen bacteriën niet in plastic bij me te houden. Laten die beesten lekker overspringen naar de anderen.

'En ik dan?' vraagt Seth. 'Daar zat ik!'

Ik schuif dichter naar Abby toe. 'Ga zitten dan.' Ik wijs naar de hoek. 'Er is genoeg plaats voor je.'

Hij aarzelt.

'Wie heeft hier nou smetvrees? Je kunt toch best naast me komen zitten?'

Abby zucht. 'Hij is niet bang voor bacteriën, hij is bang voor meisjes.'

'Groot gelijk,' zegt Jim.

Zonder me aan te kijken, komt Seth naast me zitten. Het past net. We trekken de deken op tot onze kin en Jim zet de radio harder.

Eerst luisteren we naar het nieuws. Terwijl we warm met z'n vieren op de bank zitten, horen we over plunderingen in wijken zonder stroom, gevechten om benzine en mensen die uren in de rij moeten staan om eten te krijgen.

Doodstil luisteren we naar het verhaal over een moeder die maandagavond samen met haar zoontjes wilde vluchten voor de orkaan. Toen ze met haar auto vast kwam te zitten in de modder, besloot ze om te voet verder te gaan. Ze droeg haar kleinste zoon en hield de ander bij zijn hand. Maar een ijskoude vloedgolf sloeg allebei de kinderen uit haar armen. De jongens werden meegevoerd door de stroom. De moeder bleef de hele nacht naar ze zoeken, maar ze vond haar kinderen niet.

Vanochtend heeft de politie hun lichamen eindelijk gevonden.

Abby pakt mijn hand vast onder de deken. Haar vingers zijn koud.

Aan de andere kant voel ik Seths schouder tegen mijn eigen schouder. Zijn dijbeen tegen mijn dijbeen. Stel je voor, denk ik. Als ik nu naast Jim had gezeten, dan had ik een filmster aangeraakt. Dan waren al mijn vriendinnen extreem jaloers geweest.

Maar dan bedenk ik iets raars. Iets waar ik een beetje van buiten adem raak.

Ik had niet liever naast Jim gezeten. Ook als ik had mogen kiezen, dan was ik hier gaan zitten. Naast Seth.

We bewegen niet. We luisteren.

De presentator op de radio vraagt welk liedje ons de afgelopen dagen erdoorheen heeft gesleept. Hij wil van ons weten welk liedje we op deze koude, donkere avond willen horen en de mensen beginnen meteen te bellen. Ze vertellen hun verhaal en ik voel weer wat ik voelde bij die witte campingtafel met de stekkerdozen. Een verbondenheid met mensen die ik nog nooit ontmoet heb. We kennen elkaar niet, maar we hebben hetzelfde meegemaakt.

Zodra ze zeggen in welke wijk ze wonen, weet je het: die zit nu ook in het donker. Die heeft het ook koud, die is ook al dagen bezig met ronddwalen en overleven.

Een meisje van vijftien belt vanuit SoHo – dat is onze wijk. Ze vertelt dat ze met haar ouders en haar buldog in dekens gewikkeld op het grote bed zit en dat ze graag *Everything's Gonna Be All Right* wil horen. Stil luisteren we naar het liedje dat ons luchthartig vertelt dat alles goed zal komen. Ik wil het geloven.

'Ik snap het niet,' fluistert Abby. 'Hoe kunnen die mensen nou opbellen vanuit het donker?'

'Met een vaste telefoon,' zegt Seth. 'Die doet het nog wel.'

'Dat is toch raar? Met een orkaan heb je kaarsen, een radio en een vaste telefoon nodig. Mensen uit de middeleeuwen konden gewoon beter overleven dan wij!'

De volgende beller komt uit de West Village. We knikken meelevend. Ja, daar is het ook donker. Een man met een zachte stem vertelt dat zijn vrouw acht maanden zwanger is en dat ze hun baby de afgelopen weken steeds het *Herfstlied* van Tsjaikovski lieten horen. Zodat de baby iets zou herkennen als hij uit de buik kwam.

Maandagavond, toen Sandy raasde, lieten ze hun ongeboren kindje juist het *Herfstlied* horen toen de elektriciteit uitviel. De baby heeft nu al drie dagen niks meer gehoord, dus de man hoopt dat de radio het muziekstuk voor hen wil draaien.

Natuurlijk wil de radio dat.

'Zo gek,' fluister ik, 'dat dit echt nu, op dit moment gebeurt. Een kilometer verderop zitten die man en zijn vrouw in het donker te luisteren. Met kaarsen aan en dekens om hun schouders.'

‘Ik wilde dat het altijd zo was,’ zegt Abby zacht. ‘Dat we allemaal tegelijk hetzelfde deden.’

‘Moet je op zaterdag gaan winkelen,’ zegt Jim.

Heldere pianoklanken vullen de donkere kamer. Ik voel de warme arm van Seth en laat me overspoelen. Nog nooit van mijn leven heb ik op deze manier naar klassieke muziek geluisterd. Soms draait mijn moeder Mozart tijdens het schilderen, maar dan mis ik woorden. Ik mis tekst.

Maar nu maak ik de woorden zelf. Ik luister naar het *Herfstlied* en hoor het verhaal van die man met de zachte stem en zijn vrouw met haar dikke buik. Ik hoor kaarsen branden in het donker, ik hoor mensen huilen in de kerk, ik hoor de stilte na de storm, ik hoor mijn moeder kijken naar Vermeer, ik hoor mijn vader in een verduisterde kamer liggen wachten totdat de pijn voorbij is. Ik hoor de bacteriën zachtjes meewiegen met de muziek en ik stel me voor dat ze met hun piepkleine bacterie-armpjes piepkleine aanstekers in de lucht houden.

Het is dat ik geen aansteker heb, anders zou ik met ze meedoen.

Of toch niet. Want dan zou ik mijn arm moeten bewegen en zijn warme arm niet meer voelen.

41

Vrijdagochtend word ik rillend wakker. Het is binnen in het appartement nu precies even koud als buiten. De wc stinkt doordringend, het water uit het bad is bijna op, overal liggen kruimels en het fornuis zit onder de vlekken. Eigenlijk is het een wonder dat we nog in leven zijn. We zijn niet eens verkouden.

Seth doorzoekt alle keukenkastjes en ontdekt een ovenschaal die nog redelijk schoon lijkt. We schenken er twee blikken soep in en zetten de schaal op het fornuis. Ik houd mijn handen bij het vuur terwijl Seth in de soep roert. Ik durf hem sinds gisteravond niet meer aan te kijken.

'Ik heb een soort van mededeling,' zegt Jim opeens.

Hij stinkt het ergste van ons allemaal, maar dat komt ook doordat hij al vier dagen dezelfde kleren draagt. Op het moment dat Sandy kwam, waren juist al zijn kleren vies en sindsdien is de wasserette natuurlijk dicht.

'Het is best wel zielig en jammer, dat weet ik. Maar ik heb dus iets besloten.' Hij haalt diep adem. 'Ik ga terug naar Detroit.'

'Voor een weekend?' vraagt Abby.

'Voor altijd.'

We kijken hem doodstil aan.

'Of nou ja...' Hij stopt een lepel pindakaas in zijn mond. '*No way* dat ik daar de rest van mijn leven blijf. Maar het gaat maanden duren voordat ik weer kan werken met mijn hand en ik heb tien dollar op mijn rekening staan.' Hij haalt zijn schouders op. 'Dus ik ga terug naar mijn ouders. En terug naar school. Want dat kan dus wél met acht vingers. Het is extreem suf, dat weet ik. En gênant.'

'Serieus?' vraagt Seth. 'Je gaat terug naar school?'

'Belachelijk, toch?' Jim zucht. 'Maar volwassenen denken dat zo'n diploma alles betekent. En ik snap nu eindelijk hoe het werkt. Je moet je eerst een tijd aan hun regels houden. Leven met hun killerrobots en atoombommen en het wiel. En dan, als je braaf bent opgeleid, als ze denken dat je onklaar gemaakt bent en erbij hoort, dan sla je je slag. Dan verander je de wereld.'

'Maar we willen niet dat de wereld verandert!' roept Abby wanhopig. 'Alles moet blijven zoals het nu is.' Ze pakt Jims arm vast alsof ze van plan is om hem nooit meer los te laten.

Ik ga zitten aan het hoge aanrecht en zeg helemaal niks.

Jim kijkt naar me. 'Ben je niet trots op me? Vind je me niet bewonderenswaardig volwassen en verstandig geworden?'

'Als jij suf en braaf wil worden, dan moet je dat doen,' zeg ik boos.

Hij trekt zijn wenkbrauwen op. 'Jij vroeg gisteren zelf of ik een plan had.'

'Maar dat was om te horen dat je géén plan had! Wij waren de mensen zonder plannen, weet je nog? Maar dan bedenk jij opeens dat je verstandig gaat worden!' Ik voel iets trillen in mijn buik. 'Over twee uur zie ik mijn vader weer. En wat wil je nou? Dat ik plotseling ook volwassen ga zijn? Dat ik hem alles vergeef en dat we morgen als gelukkig gezinnetje terug naar Nederland vliegen?'

'Dat is anders,' zegt hij rustig.

De soep kookt. Terwijl Seth vier bekers vult, is iedereen stil. Bij de eerste hap brand ik mijn tong.

'Mijn vader,' zegt Jim, 'is een sukkel die te veel drinkt en mijn moeder is een schat die vreemdgaat met God. Maar ze hebben me nooit iets aangedaan. Zoals jouw vader met zijn sms'jes, bedoel ik. Jij hebt elk recht om boos te zijn. Ik niet.'

Hij zucht. 'En ik ben drie jaar ouder dan jij. Op zich wordt het wel eens tijd dat ik mijn veters ga strikken.'

'Maar die zijn juist cool!' roept Abby. Ze schopt tegen mijn stoel. 'Mensen die weggaan zijn stóm.'

'Megastom,' zeg ik.

Ze kijkt me boos aan. 'Wat ga je eigenlijk tegen je vader zeggen? Als je die rare viespeuk straks ziet, wat zeg je dan? Weet je dat al?'

Ik schud mijn hoofd.

'Je hebt geen plan?' vraagt Seth.

'Natuurlijk niet! Wat denk je nou zelf?' Ik leg mijn lepel neer en strek mijn lege handen uit. 'Doen jullie het maar. Jullie weten wat hij gedaan heeft. Maak een plan voor me. Wat moet ik tegen hem zeggen?'

Aan mijn vriendinnen in Nederland zou ik zoiets nooit vragen. God, wat lijken die meisjes ver weg. Sinds het stuk van Bastiaan in de krant heeft gestaan, weten ze dat ik in New York ben. Ze hebben me berichtjes vol uitroeptekens en gele gezichtjes gestuurd, maar ik heb nog niet eens geantwoord.

Nu ik aan de andere kant van de oceaan ben, zie ik hoe stompzinnig het eigenlijk is. Dat je met dertig kinderen in een klas komt en dat je het daarmee moet doen. Die dertig zijn je leven. Als je geluk hebt, dan zitten er beste vrienden bij. Maar als je pech hebt, dan zit je jarenlang in een lokaal vol vage kennissen. Kennissen aan wie je echt niet gaat vragen hoe je je leven moet leiden.

Jim neemt nog een lepel pindakaas. Seth trekt rimpels in zijn voorhoofd en Abby likt haar beker uit zo ver haar tong kan komen.

'Ik weet het,' zegt ze dan. 'Je moet erop letten wat voor schoenen hij draagt. Zodat je dat voor altijd weet. En ook als je een goed geheugen hebt, moet je het opschrijven. Voor de zekerheid.'

'Oké,' zeg ik. 'Ik zal erop letten.' Ik meen het.

'Vertel hem dat hij een klootzak is,' zegt Jim. 'Vertel hem dat hij het recht niet had om jouw moeder en jou zoiets aan te doen. Vertel hem dat hij met zijn poten van zijn leerlingen moet afblijven en schreeuw erbij zoals je tegen die journalist deed. Laat hem zien dat je geen bang meisje meer bent.'

Ik schraap mijn keel en knik. En dan kijk ik naar Seth.

'Vraag het hem gewoon,' zegt hij. 'Waarom hij het gedaan heeft. Vraag hem of het nul of één was. Of iets daartussenin.'

42

Voor het eerst sinds Sandy schijnt de zon. Het is ijskoud en helder en New York ziet er beeldschoon uit. Zelfs de straten zonder stroom stralen onverschrokken.

Ik weet niet of het door de zon komt, maar er zijn opeens iets meer mensen op de been. Voor een donkere soepwinkel staat een houten tafel met grote pannen en vrolijke mensen.

'Gratis chilisoep!' roepen ze. 'Neem er ook een croissant of donut bij – alles gratis.'

Een straat verderop heeft een restaurant al zijn voorraden uit de koeling uitgestald. Je mag fruit pakken, en chocoladetaartjes en sandwiches. Ik pak natuurlijk niks, want ik begrijp donders goed wat er hier aan de hand is. Die restaurants hebben hun voorraden bewaard tot het echt niet langer kon. Ook als de lampen en de koeling nu weer aanspringen, kunnen ze die taartjes niet meer aan klanten verkopen. En daarom mogen wij alles gratis meenemen.

De anderen werken grijnzend chocola naar binnen terwijl ik naar de gietijzeren gevels kijk. Ik smul van zuilen en roestige brandtrappen en opeens denk ik: en wat als ik nou architect word? Daarvoor moet je goed zijn in wiskunde en natuurkunde, maar tegelijkertijd ben je stiekem ook een kunstenaar. Je geeft mensen niet alleen een dak boven hun hoofd, je bouwt ook iets voor hun ziel.

Of nou ja – voor de zielen die er behoefte aan hebben. Sommige zielen zien niks in gebouwen en proppen liever drie oudbakken taartjes achter elkaar in hun mond.

Wanneer we weer doorlopen, kijkt Jim steeds nerveus op

zijn telefoon om te zien of er al bereik is. Nu hij heeft besloten dat hij teruggaat naar Detroit wil hij het meteen aan zijn ouders vertellen. Zodat hij niet meer van gedachten kan veranderen.

Ik kijk naar de jongen met de verbonden hand en het modellenhoofd waarmee hij geen model wil worden. Ik vind zijn plan dapper, maar ook gevaarlijk. Stel je voor dat je je leren jas uitdoet en je veters strikt en dan écht zo wordt als de rest. Stel je voor dat je ontdekt dat je veel geld kunt verdienen als je blijft werken met killerrobots en rare hypotheken. En dat je daar dan gewoon mee doorgaat, zonder de wereld te veranderen.

Is dat eigenlijk niet wat er met ongeveer alle volwassenen is gebeurd? Ze hebben zich overgegeven en zijn gaan meedoen.

'Lopen jullie maar verder,' zegt Jim wanneer de mobieltjes beginnen te piepen. 'Ik ga bellen.' Hij zucht. 'Zullen we ouders ook afschaffen, als we later groot zijn?'

'Nee,' zegt Abby streng. 'Ouders schaffen we dus *niet* af.'

Hij grinnikt. 'Misschien kan Obama dan tenminste bepalen dat ze maar drie uur per dag aan mogen staan. Dat zou al veel schelen.' Hij kijkt naar mij. 'Niet zomaar terug naar Nederland vliegen, hè? Ik wil weten hoe het afloopt. Dat moet je me vertellen voordat je naar huis gaat. Beloofd?'

Ik knik, schraap mijn keel, en knik dan nog maar eens.

Terwijl ik samen met Seth en Abby doorloop, kijk ik nog één keer achterom. Jim steekt zijn verbonden hand naar me op.

'*Good luck*, *Eemielia*. Als je een orkaan overleeft, dan kun je de rest ook aan!'

Nog twaalf straten moeten we, dan zijn we bij het vrolijke parkje dat ik op mijn eerste dag vanuit de bus zag. Gisteren heb ik mijn moeder verteld dat ik mijn vader daar wil ontmoeten.

Het was belachelijk. Ik had het gevoel dat ik een afspraak met een boef maakte. Ik dacht zonder dat ik het wilde: we moeten elkaar in de buitenlucht ontmoeten. Ergens waar veel mensen zijn, ergens waar ik kan ontsnappen als dat nodig is.

'Wil je het laatste stuk alleen lopen?' vraagt Seth.

Ik schud mijn hoofd. Ik wil geen tijd meer hebben om te denken.

We steken de achtendertigste straat over. Lopen het hele blok zonder iets te zeggen. We steken de negenendertigste straat over. Schreeuwende mensen, uitpuilende souvenirwinkels, rokende kebabkraampjes.

En dan komen we bij de veertigste straat. Aan de overkant ligt het park. Gele bomen, glazen huisjes van de kerstmarkt.

Seth aarzelt en opeens kan het me niks meer schelen. Hij denkt vast aan websites die hij gaat bouwen zodra de *power outage* weer voorbij is en ik weet dat hij op me zou afknappen als hij me langer dan een week zou kennen, maar het is nog net geen week. En ik heb hem nodig. Ik pak zijn hand vast.

'Jullie moeten mee tot in het park.' Ik kijk hem niet aan. 'Alsjeblieft?'

Met z'n drieën naast elkaar steken we de straat over. De hand van Seth kleeft niet. Hij is warm en droog en ik weet niet of ik ooit zo bewust een hand heb gevoeld. Tot nu toe voelde ik alleen de bacteriën.

De ijsbaan doet het niet; dat komt vast nog door Sandy. Maar de glazen huisjes met kerstspullen zijn open. We lopen langs kruidenzeepjes en bewegende kerstmannen en sokken met honden erop. Het is druk op de paden, maar ik blijf de handen van Seth en Abby vasthouden. Er ontbreekt toevallig even één lid van onze boyband, maar mensen zien nog steeds dat we bij elkaar horen. Ze gaan voor ons opzij.

In het midden van het park staan groene tafeltjes en klapstoelen naast een lege fontein. En daar zitten ze dus.

Mijn moeder ziet eruit alsof ze volledig op haar gemak op een onbewoond eiland zit. Haar rode haar wappert en ze draagt een prachtige zwarte jas met een kraag die op zichzelf al een kunstwerk is.

Naast haar zit mijn vader. Ik herken hem nauwelijks omdat hij er precies zo uitziet als al die keren dat we langs de rivier fietsten en op het dak naar de sterren keken. In mijn hoofd had ik hem veel boefachtiger gemaakt, een smerige pornobaas met klauwen en kwijl.

Nou kun je veel over mijn vader zeggen, maar niet dat hij eruitziet als een pornobaas.

Hij draagt een van zijn zeven broeken van ribfluweel. Zijn haar begint dun te worden boven op zijn hoofd en hij ziet eruit als zo'n man die in het weekend vogels gaat spotten. Hij is zenuwachtig, dat zie ik zelfs van een afstand.

Ze hebben mij nu ook in de gaten. Ze kijken naar me alsof ik niet alleen hun dochter ben, maar ook iemand anders. Iemand die ze niet kennen, maar die wel belangrijk is. De baas van hun baas. Een arts die gaat vertellen of er nog kans op herstel is. Ik knijp in twee handen. Twee handen knijpen terug.

We lopen tot aan de fontein en dan staan we voor het groene tafeltje. Ik zie mijn vader naar mijn donkere haar kijken, en dan naar mijn handen. Hij heeft me de afgelopen twee jaar geen mens zien aanraken. Om ons heen lachen en schreeuwen de toeristen. Vier van ons hebben geen idee hoe het nu verder moet, maar gelukkig is Abby erbij.

'Ik ben Abby Greenberg,' zegt ze plechtig. Ze kijkt naar mijn moeder. 'U bent Nora Quinn. Ik heb uw naam uit mijn hoofd geleerd voor als Emilia bewusteloos zou raken.' En dan kijkt ze naar mijn vader. 'Emilia heeft me verteld wat u gedaan heeft. Ik ben blij dat u mooie schoenen draagt. Maar verder ben ik heel boos op u.'

'We gaan,' fluistert Seth.

Abby blijft naar mijn vader kijken. 'Uw dochter heeft plannen met u. Maar eerst moet ik nog één ding zeggen. Emilia is geweldig. En ze is mijn vriendin.'

Ik heb geen idee waarom ze het noodzakelijk vindt om dat te zeggen, maar het klinkt fantastisch. Alsof ze een maffiabaas is die dreigt dat als er ook maar iets met *Eemielia* gebeurt, hij de dader in piepkleine mootjes zal hakken en zal versturen naar McDonalds.

'Emilia is bijna mijn zusje. Woensdagavond hebben we uit dezelfde bakjes gegeten, terwijl er meer bacteriën in je mond wonen dan er mensen op aarde zijn. Zult u dat onthouden?'

Mijn vader knikt.

'Oké,' zegt Abby. 'Sterkte.'

Ik voel de twee handen verdwijnen. Seth knikt bijna ongemerkt naar me, en dan lopen broer en zus samen weg tussen de kerststalletjes. Acht seconden zie ik ze nog, daarna zijn ze opgeslokt door New York.

Ik ben alleen met mijn ouders.

43

We kunnen nu lang en ingewikkeld naar elkaar gaan kijken en van alles voelen. Maar daar heb ik geen zin in.

'Heb je dat artikel gezien?' vraag ik aan mijn vader. Ik spreek Nederlands, want dat is onze taal. Ik zie mijn moeder meteen achteroverleunen. Ze verstaat me, maar ze voelt zich niet meer aangesproken.

'Dat artikel van Bastiaan Breedveld,' zeg ik. 'Dat ik verkleed als een kat sta te schreeuwen op de stoep.'

'Ik heb het gisteravond gelezen.'

Zelfs zijn stem is onveranderd. Hij klinkt als een vogelaar, niet als een pornobaas. Een oude, vermoeide vogelaar die al een hele tijd geen nieuwe vogels heeft gespot. De ene nieuwe die hij wel zag, kostte hem zijn halve leven.

'Oké,' zeg ik. 'Denk aan dat artikel. Herinner je wat ik allemaal gilde daar op de stoep en stel je voor dat ik dat nu net heb gezegd. Dat scheelt mij weer een half uur schreeuwen. Maar alles wat ik daar zei, dat is dus waar. Dat vind ik echt.'

Ik zie dat hij exact doet wat ik zeg. Met wiskundige precisie gaat hij na wat ik allemaal zei in dat stuk.

'Heb je ook de foto gezien?' vraag ik. 'Van Abby's Twitteraccount? Er stond een link naartoe.'

Hij knikt.

'Zo kijk ik dus als jullie er niet bij zijn.' De miljard zonnen smeulen in mijn borst. We zitten met z'n drieën op dat verlaten eiland. Ik zie de kerstmarkt niet meer.

Mijn vader schraapt zijn keel. 'In dat artikel had je het over een *cel*. Dat ik daar wakker zou worden.' Hij buigt zich naar me toe. ‘Denk je dat echt? Dat ik naar de gevangenis ga?’

‘Ik heb geen idee. Ik weet niet wat jij allemaal met die...’ Het lukt me niet om haar naam uit te spreken. Ik voel de walging weer. ‘...met haar hebt gedaan.’

Hij kijkt me aan met een blik die ik niet ken.

‘Denk je echt dat ik haar heb aangeraakt?’ vraagt hij. ‘Mijn leerlinge – een meisje van zeventien? Ik ben nooit met één vinger aan haar gekomen!’

‘Maar op internet...’

‘Op internet gaan mensen tekeer zonder te weten waar ze het over hebben! Ik wilde je mijn kant van het verhaal vertellen, maar je luisterde niet. En toen was je weg...’

‘Mij best!’ zeg ik boos. ‘Dan heb je haar niet aangeraakt. Maar je hebt haar wel zevenenzestig sms’jes gestuurd met extreem gênante teksten. En je hebt haar alles over mama en mij verteld. Het is alsof iemand mijn dagboek heeft voorgelezen aan de hele wereld. Ze weten opeens alles over ons. Of alles – alleen de slechte dingen. Alles wat er mis is. En dat staat nu voor altijd op internet.’

Zijn handen beven. Op de ruggen en kootjes groeien de haren die Juno zo eng vindt. De haren waar iedereen nu over weet.

‘Ik heb vreselijke fouten gemaakt,’ fluistert hij. ‘Dit is niet goed te maken, dat weet ik. Het is onvergeeflijk. Ik weet echt niet hoe ik ooit...’

Ik kijk naar hem en denk: dus dit is mijn vader.

‘Hou op met zielig doen,’ zeg ik kortaf. ‘Ik heb een vraag voor je. Waarom heb je het gedaan?’

Hij veegt zijn dunne haar opzij. Ik ken de hersens die daaronder zitten beter dan bijna alle andere hersens op de wereld. Wat voor de meeste kinderen hun moeder is, dat was hij voor mij. Mijn moeder heeft misschien vijf luiers verschoond in haar leven. Hij de rest. Hij bracht me naar bed, naar school, naar tekenles.

'Maar je bent pas veertien...' Hij schudt zijn hoofd. 'Ik kan toch niet – dit zijn geen zaken die je met je dochter...'

'*Grow up*,' zeg ik. 'Ik heb net een orkaan zonder jullie doorstaan. Er zijn doden gevallen en ik heb sinds maandagochtend niet meer gedoucht. Ik ben oud genoeg om het te horen. Leg het me uit.'

'Het is werkelijk vreselijk wat ik jullie...'

'Dat weten we nu wel!'

Mijn moeder zegt niets. Ze kijkt naar haar man en haar dochter.

'Het is een wiskundig probleem,' zeg ik. 'En ik snap het niet. Maak het duidelijk. Wat voor vergelijking was het? Wat was de waarde van x? Wat was y?'

Hij kijkt naar de wolkenkrabbers om ons heen. Het park is een kleine groene rechthoek omringd door reusachtige, prachtige gebouwen. Een enorme toren van spiegelend glas, een donkerbruine flat met gouden punten, het hoekige Empire State Building in de verte.

'Ik was verliefd op haar,' zegt hij schor. 'Zoals je verliefd kunt zijn op een filmster. Zonder goede reden, maar allesoverheersend heftig. Ik vond haar beeldschoon en ik kon mijn ogen niet van haar afhouden.'

Ik denk aan Jim. Hoe perfect zijn blonde haar over zijn gebeeldhouwde voorhoofd valt. Hoe knap ik hem vond toen ik hem nog niet kende – toen hij nog een filmster was en niet gewoon *Jim*.

'Ik wist dat ik me moest vermannen,' zegt mijn vader, 'dat ik simpelweg moest wachten totdat de verliefdheid weer verdween. Dat soort irrationele dingen gaat voorbij. Maar toen merkte ik dat zij ook naar mij keek. Ze flirtte met me.' Hij schudt zijn hoofd. 'Ik heb dat interview met haar natuurlijk ook gelezen en ik weet nu dat ik gek was. Het is beschamend. Ze wilde een hoger cijfer, maar ik dacht dat haar interesse oprecht was. Ze luisterde naar me. We voerden gesprekken.

En voor het eerst in lange tijd voelde ik me wat minder eenzaam...'

Mijn moeder beweegt nog steeds niet. Ze kijkt naar de toppen van de ijle bomen.

'Wat wil je daarmee zeggen?' vraag ik aan mijn vader. 'Dat het eigenlijk onze schuld was?'

'Nee! Natuurlijk niet. Absoluut niet.' Hij aarzelt. 'Maar soms was het niet makkelijk, dat weet je. Ons gezin is...' Hij kijkt naar mijn moeder, en dan naar de grond.

'Wat bedoel je nou?' vraag ik boos. 'Je wéét hoe ons leven in elkaar zit. Ik was er niet eens bij toen de afspraak gemaakt werd, en zelfs ik weet het. Ik houd me er toch ook aan? Zo moeilijk is het toch niet?'

'Welke afspraak?' vraagt hij verward.

'Die over ons leven! Voor mama komen haar schilderijen op de eerste plaats. En voor ons komt mama op de eerste plaats. Als je zo'n afspraak maakt, dan moet je later niet gaan zeiken dat je eenzaam bent!'

Mijn moeders grijsgroene ogen staan opeens niet meer ingesteld op oneindig. Ze kijkt naar me. '*Darling!* Waar heb je het in hemelsnaam over?'

'Ik vind het niet erg,' zeg ik. 'Ik snap het. Jouw schilderijen gaan voor. Niet veel mensen hebben zo'n talent. Ik wíl dat je schildert, en papa wil dat ook. We zijn trots op je. Ik vind het alleen stom dat papa dan achteraf gaat zeuren dat hij zo eenzaam is. Dat hij fucking alleen tussen de sterren zweeft.'

Ze zucht. 'We zweven allemaal alleen tussen de sterren. Dat moet je accepteren. En als je in je leven een paar mensen vindt die op gehoorsafstand naast je zweven, dan moet je blij zijn.' Ze glimlacht naar me. 'Voor mij zijn jullie dat, Emilia. Zonder jullie zou ik nooit kunnen schilderen. Jullie komen eerst en daarna pas de schilderijen.'

Ik kijk naar haar en hou van haar. Ik weet dat het niet waar is. Zonder ons zou ze langzaam weer opkrabbelen en fantastische schilderijen maken. Zonder verf zou ze alleen maar in haar bed liggen.

Ik kijk naar mijn vader. 'Sukkel.'

'Hij ís een sukkel,' zegt mijn moeder. 'Zonder twijfel. Die Juno was een saai leeghoofdje. Maar mensen maken nu eenmaal wel eens een fout. En van iedereen die ik ken, heeft hij nog steeds de mínste fouten gemaakt.' Ze staat op. 'Zullen we nu weer van New York gaan genieten? Ik ben na twintig jaar weer aan de andere kant van de oceaan. Ik wil de stad zien!'

Ik ben niet verbaasd. Soms speelt ze vals – dat doet ze al sinds mijn geboorte. Ze buit het uit dat ze een grillige kunstenares is. Haar talent is haar Verlaat-de-gevangenis-zonder-betalen-kaart, die ze kan inzetten wanneer het haar uitkomt.

'Ga zitten,' zeg ik. 'We zijn nog niet klaar.'

Ik wacht net zolang totdat ze mokkend weer op de stoel zit.

'Wat denken jullie nou? Dat we nu gewoon onze schouders kunnen ophalen en zeggen: "Ach, het is gebeurd. Mensen maken nu eenmaal fouten, laat dat de les zijn voor vandaag." Jezus mensen, dit is geen school! Ik ga hier niet iets van léren.'

Mijn moeder haalt haar schouders op zodat de kunstzinnige kraag op en neer gaat. 'Als je geen zin hebt om het deze keer te leren, dan komt er wel een nieuwe kans.'

'Maar dit is niet gewoon even een fout!' roep ik. 'Dit is ons totale leven dat verwoest is. Mensen willen ons dood hebben op internet. Papa heeft geen werk meer en niemand zal hem ooit nog een baan geven. En ik verdom het om ooit nog terug te gaan naar die school!'

'Ik weet dat ik onmogelijk veel schade heb aangericht,' zegt mijn vader. 'Maar wat zou je dan willen, Emilia?'

'Ik wil hier blijven.'

'Je weet dat dat niet realistisch is.' Hij klinkt kruiperig beleefd. 'Lieverd, je bent veertien. Je kunt hier niet in je eentje gaan wonen en je weet hoe gehecht je moeder is aan ons huis en haar atelier en...'

'Ik zou niets liever willen,' zegt Nora Quinn kalm.

'Wat?' vraagt hij.

'Ik zou in New York willen wonen. Als Emilia hier nou gelukkig is... Stel je voor! Dan kan ik elke week naar The Frick Collection.'

44

We hebben mijn moeder haar Verlaat-de-gevangenis-zonder-betalen-kaart laten uitspelen. Ze heeft vrij gekregen. Ze hoeft geen Gesprek meer te voeren en mag de stad verkennen.

Ik loop met mijn vader naar Grand Central Station, want hij heeft gevraagd om een rondleiding. Serieus, de route die ik ga beschrijven in *Op stap met een stekker*, die wil hij zien. Hij wil over de orkaan horen en weten hoe ik de afgelopen week heb doorgebracht.

Als ik niet beter wist, dan zou ik denken dat hij ook vals speelt. Dat hij hoopt dat ik hem weer aardig ga vinden als hij maar geïnteresseerd genoeg doet. Maar helaas ken ik hem langer dan vandaag. Ik weet dat hij dit niet speelt. Hij wil echt alles weten. Hij wil horen over Seth en Jim en Abby en hij wil de stopcontacten zien.

Ik loop dus met hem door de koude, winderige gang naast de perrons. Samen staan we te kijken naar dat ene, laaggeplaatste stopcontact. Ik staar ernaar totdat alles mistig wordt.

Per persoon kun je ellende niet vergelijken. Maar als je vanuit de ruimte naar de aarde kijkt, dan had orkaan Sandy meer effect dan de zevenenzestig sms'jes van mijn vader. Dat weet ik best. En terwijl ik hem vertel over de verwoeste huizen en de moeder met de verdronken zoontjes, voel ik het ook een beetje. In het donker is het moeras ietsje kleiner geworden. Het bestaat nog, maar er zijn andere stukken bij gekomen. Harde rotsen. Stugge velden die niet stinken en waar de grond stevig aanvoelt onder je voeten.

Ik weet dat het zal veranderen als we terug naar Nederland

gaan. Nederland is één groot moeras. Ze zullen naar me kijken, over me fluisteren, naar me wijzen. Ook als we naar een andere stad verhuizen. Ook als ik naar een andere school ga.

Wat de waarheid is, hoe het echt ging, of hij Juno aanraakte, dat doet er niet toe. Alleen de verhalen tellen. En die staan voor altijd op internet.

'Zie je dat gebouw?' Ik wijs naar de toren met zijn zilveren schubben en adelaars. 'Stel je voor dat je in dezelfde stad woont als die wolkenkrabber...'

Mijn vader schudt zwijgend zijn hoofd. Hij wil niks horen over wonen in New York. Hij weigert erover te praten. Maar hij moet.

'Als we hiernaartoe verhuizen,' zeg ik, 'dan lost dat al onze problemen op.'

'Dat is niet mogelijk,' zegt hij meteen.

'Wel waar! Dit is zo'n wiskundig model dat in één elegante zwiep alles oplost. Zodra er één ding niet klopt, is het model niet meer geldig. En dan moet je het verwerpen. Maar dit is helemaal goed. Het klopt.'

'Zo werkt het echte leven niet.'

Ik blijf staan bij de stenen leeuwen voor de bibliotheek. Ze zien er vorstelijk uit in de zon.

'Als je bij ons weg wil,' zeg ik, 'dan moet je dat doen. Dan verhuizen mama en ik met z'n tweeën naar New York. We houden je niet gevangen. Je moet niet denken dat je vastzit. Je zit juist nogal *los.*'

Het lukt me alleen maar om rustig te blijven door keihard *loser!* in mijn hoofd te schreeuwen terwijl ik naar hem kijk. *Loser die het gevoel heeft dat hij gevangenzit. Kinderachtige baby die huilt omdat hij alleen door het heelal vliegt.*

Hij kijkt heel ernstig. 'De afgelopen dagen heb ik alle mogelijkheden overdacht. Ik wil niet bij jullie weg. In het geheel niet. Volstrekt niet. Als ik ervan overtuigd was dat het voor jullie beter was om weg te gaan – na alles wat er gebeurd is, bedoel ik – dan zou ik dat doen. Maar eigenlijk denk ik niet dat Nora en jij samen...' Hij schraapt zijn keel. 'Wil jij het liever? Alleen met mama door?'

Ik zie het kleurige speelverband voor me dat ik vroeger maakte van repen stukgesneden schilderij en schud mijn hoofd.

Mijn vader haalt diep adem. Hij kijkt naar de witte leeuw naast hem en geeft een klopje op de stenen vacht.

'In Nederland,' zeg ik, 'zullen ze nooit vergeten wie we zijn. En New York is de meest fantastische stad op aarde. Jij kunt hier een baan zoeken, ik ga naar een school waar niemand me kent en mama mag elke dag een ander museum bezoeken.'

Op de brede trappen voor de bibliotheek laten een bruid en bruidegom zich fotograferen. Ze zien er gelukkig uit in de zon.

'Je hebt geen idee hoe ingewikkeld het allemaal is,' zegt mijn vader. 'Amerika is geen land waar je zomaar even naartoe verhuist. Je hebt een verblijfsvergunning nodig en het is onbetaalbaar om hier te wonen en...'

'Je verpest het!' roep ik. Ik ga voor hem staan. 'Stel nou dat er iets is wat je kunt doen om het goed te maken – dat wat jij hebt gedaan met Juno. Al die stompzinnige sms'jes en dat je haar de helderste ster aan de hemel noemde terwijl ík dat altijd was.'

Zijn gezicht vertrekt. 'Emilia...'

Ik geef hem geen kans om weer zielig te doen. 'Stel dat er zoiets was. Zou je dan bereid zijn dat te doen?'

De rimpels die als grafieken over zijn voorhoofd lopen, zijn dieper dan ik ze ooit heb gezien. Hij is een uitgeputte vogelaar. Eentje die misschien wel het liefste voor altijd in een stille duinpan zou gaan liggen.

'Je weet dat ik alles zou doen wat binnen de mogelijkheden ligt,' zegt hij vermoeid.

'Beloof dit dan,' zeg ik. 'Beloof dat we gaan uitzoeken of het kan. Beloof dat we het gaan proberen.'

Hij knikt.

Ik kijk naar hem en hoop dat ik nooit verliefd zal worden op de verkeerde. Ik hoop dat ik nooit in mijn leven een fout zal maken die andere levens verwoest. Want als je andere levens verwoest, dan wil je verder stilletjes in een duinpan gaan liggen en onzichtbaar zijn. En daar heb ik dus echt totaal geen zin in.

Ik wil in New York wonen. Ik wil leven.

45

Voor de laatste keer loop ik in mijn eentje naar het donker. Ik weet niet hoe lang ik de Mijn-vader-heeft-zich-vreselijk-misdragen-en-nu-mag-ik-alles-kaart nog kan uitspelen, maar vandaag werkte hij in elk geval.

Samen met de sneue vogelaar heb ik een hamburger gegeten voor de lunch. Toen zijn we naar de film geweest omdat het Gesprek lang genoeg had geduurd en daarna ontmoetten we mijn moeder voor een high tea in het Plaza Hotel. En nu ga ik dus helemaal alleen terug naar de nacht.

Mijn ouders wilden eigenlijk met me mee om Seth en Abby te ontmoeten en hen te bedanken voor hun goede zorgen. Mijn antwoord was, met dank aan Jim: *no fucking way*. Zodra ik het gezegd had, begon ik met de Mijn-vader-heeft-zich-vreselijk-misdragen-en-nu-mag-ik-alles-kaart te zwaaien, want tot een week geleden was ik een modelkind dat nog nooit van haar leven hardop had gescholden.

Maar echt. Dit moet ik in mijn eentje doen.

Ik neem geen taxi, want ik heb koude avondlucht nodig. Ik moet kunnen ademhalen voordat ik afscheid neem van ons orkaanasiel. En van Abby. En van Seth.

Ik heb tegen mijn vader gezegd dat al onze problemen zijn opgelost als we verhuizen, maar eigenlijk heb ik geen idee of dat waar is. Stel je voor dat ik hier naar school moet. Zijn Amerikaanse scholen echt zoals je in films ziet? Met een snoeiharde rangorde van cheerleaders en alto's en stuudjes? Ik weet dat Seth al drie keer in elkaar is geslagen en Abby was elke keer door het dolle heen als bekend werd dat de scholen deze week nóg een dag gesloten bleven.

Zou ik het overleven op zo'n Amerikaans puberslagveld?

En wil mijn moeder écht hier wonen, of krijgt ze na drie maanden onstilbare heimwee?

Opeens moet ik denken aan het Vrijheidsbeeld. Die groengrijze vrouw die ten zuiden van het zuidelijkste puntje van Manhattan op haar eiland staat. In het donker. Ik denk aan de immigranten van vroeger, die alles achterlieten in Europa en hier opnieuw begonnen. Drie weken lang waren ze op zee en dan voeren ze eindelijk de haven binnen. Het eerste wat ze zagen vanaf het dek was de brandende fakkel van *Lady Liberty*.

Ik weet niet of ik ooit zo dapper kan zijn. Maar ik weet wel dat er iets veranderd is. Als ik twee weken geleden twijfelde, dan dacht ik meteen: dan doe ik het maar niet.

En nu denk ik: doe maar wel. Laten we het gewoon proberen.

Ik kijk verbaasd om me heen. Vergis ik me nou in de nummers van de straten? Het zou hier toch allang donker moeten zijn? Ik loop naar de vijfentwintigste straat. Naar de vierentwintigste – en dan weet ik het zeker. Gisteren was het hier donker. En nu branden de lampen weer. De straatlantaarns schijnen, de stoplichten werken – de elektriciteit is terug!

Het is ongelooflijk. Alles ziet eruit alsof het nooit donker is geweest. Verlichte etalages, neonletters, knipperende stoplichten – zo hoort het in het middelpunt van de wereld.

Ik begin bijna te rennen. De afgelopen dagen heb ik op internet steeds gecheckt of er nog nieuws was over de *blackout*. Ik weet meer over het New Yorkse elektriciteitsnetwerk dan ik ooit van het Nederlandse hoop te begrijpen. Ik weet dat ze de stroom wijk per wijk zouden gaan herstellen. Blok per blok.

Is echt alles nu weer gemaakt? Of zitten Seth en Abby nog steeds in het donker?

Met ingehouden adem loop ik door. Bij elke straat die ik

oversteek, ben ik bang dat het zwart weer begint. Helemaal tot aan Union Square is alles licht. Maar daarna is het verschil tussen nul en één harder dan ooit: de blokken links van Broadway schitteren in het licht, de huizen aan de rechterkant van de straat zijn nog steeds aardedonker.

Ik loop precies over de grens. Geen huis zit tussen nul en één in. Maar ik wel.

Verder en verder dring ik door in downtown Manhattan. En dan kom ik bij de straat van Seth en Abby. Ik begin hardop te lachen. Voor het eerst in honderd uur zie ik hun huis bij helder lantaarnlicht. Ik kan gewoon aanbellen. Het voelt wonderlijk. En opeens ben ik vreselijk zenuwachtig. Zou hun moeder weer thuis zijn? Wat moet ik eigenlijk tegen ze zeggen? En hoe moet ik ooit afscheid nemen?

Seth doet de voordeur open. Zijn haar is nat en hij heeft een blauwe trui aan die ik niet ken.

'De elektriciteit is terug!' gil ik.

Hij knikt. 'Om half vijf ging alles plotseling weer aan. Kranen begonnen te lopen, apparaten knipperden, mijn telefoon piepte...'

'En je moeder?' vraag ik. 'Die is nu zeker weer thuis?'

'Ze is net boodschappen gaan doen met Abby. En Jim is terug naar de overkant.'

Er is dus niemand thuis. Niemand behalve Seth.

Ik kijk naar zijn donkere ogen en zijn korte verwarde haar en zijn schoenen met gestrikte veters – en ik voel mijn knieën knikken.

'Je bent natuurlijk teleurgesteld,' zegt hij.

'Waarom?'

'Dat Jim er niet is. Abby en jij zijn toch verliefd op hem?'

'Ik niet,' zeg ik. Ik ben een beetje buiten adem. 'Ik ben niet verliefd op Jim.'

Seth fronst zijn wenkbrauwen. 'Maar hij is toch zo knap? En zo *megacool*?'

‘Hij ís ook knap! En cool. En grappig.’ Ik kijk naar de grond. ‘Eigenlijk dacht ik ook dat ik verliefd op hem zou worden. Dat verwachtte ik steeds. Maar het gebeurde niet...’

Ik kijk weer op, maar net op het moment dat ik nog iets wil zeggen, draait Seth zich om en begint hij de trap op te lopen. Ik kom vlug achter hem aan, want hij loopt hard. Hij rent bijna.

Binnen in het appartement is het alweer warm. De opgebrande waxinelichtjes zijn opgeruimd, de kruimels weggeveegd en de afwas is halverwege.

En daar staan we dan. Tegenover elkaar in het licht.

Ik begrijp opeens niet meer waarom iemand ooit gloeilampen heeft uitgevonden. Wat was er mis met kaarsen? Elektrische lampen schijnen veel te fel. We zien elkaar zo scherp dat we niet naar elkaar durven te kijken.

‘Ik ga mijn spullen pakken,’ zeg ik vlug. ‘Vanavond slaap ik bij mijn ouders, dus ik ben over vijf minuten weer weg. Je kunt gewoon doorgaan met de afwas.’

In de slaapkamer gooi ik alles in mijn koffer zonder te vouwen en zonder te bedenken of sokken en onderbroeken elkaar wel mogen aanraken. Alles is toch smerig. In de keuken hoor ik borden en glazen rinkelen. En dan opeens niet meer.

‘Je mag nog niet weggaan,’ zegt Seth. Hij staat in de deuropening.

Ik wil iets zeggen, maar hij gaat door.

‘Abby vermoordt me als ik je zomaar heb laten gaan. En mijn moeder wil je ontmoeten.’ Hij maakt een onzekere beweging met zijn hand. ‘Kom even zitten. Wil je misschien thee?’ En dan zucht hij. ‘Oké, ik weet ook niet wat er aan de hand is. Het is zo stom, nu we geen orkaanasiel meer hebben. Ik weet niet meer wat ik moet zeggen.’

Ik begin zenuwachtig te lachen. ‘Dat wist je toch nooit?’

Hij doet gelukkig alsof hij me niet gehoord heeft. ‘Ik wil natuurlijk alles weten,’ zegt hij. ‘Hoe ging het met je vader?’

Ik loop met hem mee naar de keuken en ga zitten. Mijn knieën knikken nog steeds.

'Vertel,' zegt hij.

Ik kijk naar het schone, witte aanrecht. 'Mijn vader is een loser die verliefd werd op een meisje van zeventien. Ik heb geen idee of ik hem ooit nog anders kan zien. Maar het is nu verder zijn probleem. En natuurlijk is het ook wel mijn probleem... Maar niet zo erg meer.'

Seth is geloof ik al weer vergeten dat hij thee zou maken.

'Dus je vindt het oké om terug naar huis te gaan?' vraagt hij.

'Nou... Er is dus opeens een plan gekomen. Het is nog niet zeker. Maar er is een plan dat we naar New York gaan verhuizen.'

Ik heb hem nog nooit zo geschokt zien kijken.

'Wat?' vraag ik verontwaardigd. 'Mag ik hier niet komen wonen?'

'Natuurlijk wel...' Ik zie hem aarzelen. 'Maar je bent Nederlands. Ik zei steeds tegen mezelf dat je niet zou blijven. Dat je een soort vakantie- eh, *persoon* was.'

Ik kan nu voelen dat de elektriciteit weer terug is. Er zijn vonken in de lucht.

'Het is nog helemaal niet zeker,' zeg ik. 'We moeten eerst een verblijfsvergunning zien te regelen. Mijn moeder moet genoeg schilderijen verkopen, zodat we geld hebben. En mijn vader moet niet als een bang vogeltje in een hoekje blijven zitten.'

Zonder iets te zeggen begint Seth de waterkoker te vullen. Hij blijft een hele tijd met zijn rug naar me toe staan.

Ik sta op en loop naar het raam. De straatlantaarns doen het weer, dus ik kan zien of Abby en haar moeder al terugkomen van de supermarkt. Maar de verlichte straat is helemaal leeg.

'Zo stom!' Ik schraap mijn keel. 'Ik had me verheugd op dat

radioprogramma met alle liedjes die ons de orkaan door sleepten. Maar nu het weer licht is, doen ze dat natuurlijk niet meer.'

'Wil je muziek horen?' Seth draait zich om. 'Mijn laptop doet het weer...'

Ik haal mijn schouders op. 'Oké.'

Ik loop achter hem aan naar zijn kamer. Daar hangt de vrouw met twee gezichten boven zijn bed. Daar is de plek waar hij met zijn vuist tegen de muur ramde toen ik hem naar zijn vader vroeg.

'Wat wil je horen?'

Ik hoef er niet over na te denken. 'Het *Herfstlied*. Maar eerst dat andere liedje. *Everything's Gonna Be All Right*.'

Hij kijkt naar de grond. 'Je weet dat dat liedje verzonnen is, toch? In het echt komt niet alles goed.'

'Dat weet ik,' zeg ik. 'Maar ik hou toevallig van echte dingen. Hoe ze ook gaan.'

'Maar stel nou...' Hij aarzelt en veegt met zijn voet een paar schroefjes onder het bed. 'Stel dat je mag *kiezen* hoe het gaat.' Hij kijkt op. 'Kies je dan dat Abby nu thuiskomt? Of kies je dat het nog even duurt?'

Ik voel de elektriciteit knetteren. Dit is geen film. Dit is echt – met alle risico's die daaraan verbonden zijn.

'Ik kies dat ze straks pas thuiskomt,' zeg ik.

Hij draait zich om naar zijn laptop. Ik ga zitten op het bed dat in het licht een heel stuk verkreukter en stoffiger is dan ik in het donker had kunnen vermoeden. Maar ach wat. Ik heb er al eerder op gezeten. En ik leef nog.

Seth klikt op de laptop en het liedje begint.

Don't worry about a thing, 'cause every little thing is gonna be all right...

Hij komt naast me op het bed zitten, met minstens een halve meter tussen ons. We zitten allebei met onze rug stijf tegen de muur en luisteren zonder te bewegen naar de muziek. Mijn hart bonkt.

'Dit is belachelijk,' zegt hij na een tijdje.

'Ik weet het,' zeg ik.

Hij kijkt nog steeds strak naar voren. 'Ik ga je echt niet zoenen, hoor.'

'Ieuw,' zeg ik. 'Gelukkig niet.'

Het is even stil. En dan, terwijl de pianoklanken van het *Herfstlied* beginnen, stel ik het me voor. Dat hij dichter naast me komt zitten. Dat hij mijn hand vastpakt. Dat ik zijn droge, warme vel voel, en niet de bacteriën. Ik stel me voor dat zijn gezicht dicht bij mijn gezicht komt en dat ik niet begin te rillen. Dat ik zijn ogen van heel dichtbij zie en dat er geen beslagen raampje tussen zit.

Ik stel me voor dat we samen tussen de sterren vliegen. Niet eenzaam, en niet zo'n beetje op gehoorsafstand, maar heel dicht bij elkaar.

'Ik weet al waarom het zo raar is,' zeg ik. 'Het licht moet uit.'

Hij knikt. 'Dat dacht ik nou ook.'